**요약이
힘이다**

요약이 힘이다

순식간에 핵심을 뽑아내는 기술
Summarization is power

사이토 다카시

김지낭 옮김

포레스트북스

들어가며

현대 사회의 커뮤니케이션은 짧고 간결한 전달, 즉 '요약'이 핵심이다. 모두가 바쁜 사회이기 때문이다. 드라마는 유튜브에서 '몰아 보기'로 보고, 긴 글이나 기사에서는 '초핵심' 단어나 문장만을 찾기 시작했으며, 업무 처리 속도는 두말할 것도 없다.

컴퓨터도 마찬가지다. 컴퓨터는 버전이 업그레이드될 때마다 처리 속도가 향상된다. 메일을 주고받는 속도도 고속화되어, 사람들이 답장을 하루는커녕 두 시간도 채 기다리지 못하고 불안해한다. 편지를 주고받던 시절에는 상상도 할 수 없었던 일이다.

이렇듯 고속화되어 가는 현대 사회에서 요구하는 것은 정보를 빠르게 요약하고 교환하는 능력이다. 앞으로는 '정보의 탁구화'에 대응할 수 있는 인재가 필요하다. 정보를 짧게 요약하여 빠르게 주고받으면 한 시간이 걸릴 회의가 5분 만에 끝나기도 한다. 간결하게 말하는 능력이 이렇게 업무 효율을 높여주는 것이다.

짧은 시간에 많은 정보를 처리하는 능력이 바로 요약력이다. 정보를 정확하게 요약하는 힘이 있다면 처음 보는 자료를 대강 훑어보기만 해도 현재 상황과 과제가 무엇인지 답할 수 있다. 대중없고 요점을

정보의 탁구화

빗나간 데다 장황하게 늘어지는 설명은 정보의 탁구화 시대에 맞지 않는다. 마치 탁구를 하듯 빠르고 정확하게 공을 받아쳐야 한다. 더불어 공에 다양한 변화까지 준다면 더할 나위 없다.

이 책에서는 이와 같이 현대 사회의 요구에 부응하기 위한 요약력 훈련법을 알아볼 것이다. 요약력은 갈고닦을수록 점점 향상된다. 실제로 한 대학교 수업에서는 책 한 권을 읽고 요약한 후 15초 안에 설명하는 훈련을 하고 있는데, 수업을 거듭할수록 학생들의 요약력이 향상되었다고 한다. 훈련 효과는 이미 입증된 셈이다. 이제 이 책을 통해 요약력이라는 '삶의 단축키'를 길러 고속화하는 정보화 사회를 헤쳐나갈 무기로 삼기 바란다.

사이토 다카시

Summarization is power

차례

제1장

모든 것은 요약에서 시작된다

제2장

불필요한 삶의 낭비를 줄여라

: 기초 요약력 트레이닝

제3장

본질을 파악하여 정곡을 찔러라
: 본격 요약력 트레이닝

제4장

요약이라는 성공의 '단축키'를 써라

왜 요약을 배워야 하는가

초등학교에 들어가면 '다음 문장을 요약하시오' 혹은 '다음 이야기를 요약하시오'와 같은 문제를 여러 번 접하게 된다. 당시에는 문제를 풀면서 요약하는 기술이 꽤 중요한 능력이라고 생각했을 것이다. 그러나 학교를 졸업하고 나면 요약력을 시험하는 문제를 풀 일도, 그 중요성을 뼈저리게 느낄 일도 거의 없다.

나는 요약력이야말로 살아가는 데 가장 기본이 되

는 무기이자 커뮤니케이션의 필수 요소라고 생각한다. 매일 교단에 설 때마다 요약력이라는 벽에 부딪히고 있기 때문이다.

언젠가 책을 한 권 읽은 다음에 함께 토론하는 수업을 진행한 적이 있다. 그 수업에는 담당 교사가 한 명 있었고 나는 보조 교사로서 참가했다. 학생은 총 열 명이었는데 놀랍게도 그들 모두의 요약이 제각각이었다. 나와 담당 교사의 요약은 일치했으나 학생들의 요약문에는 공통점이 하나도 없었다.

이야기를 나누어보려고 해도 파악한 내용이 각자 다르다 보니 토론을 진행하기 어려웠다. 예상했던 대로 책에 대한 이해는 물론이고, 긍정적 의견도 부정적 의견도 모두 핵심을 벗어나 있었다. 특히 부정적 의견을 가진 경우는 더 심각했다. 책의 내용을 비판하는 학생이 있었는데, 요약의 방향성이 어긋난 탓에 감정적 비난으로밖에 들리지 않았다. 당연히 수업에는 전혀 진전이 없었다.

'다른 의견은 있어도 틀린 의견은 없다'라는 말도 있지만, 요약은 그렇지 않다. 공통의 기반이 되는 요약 없이 생산성이나 창의성을 기대할 수 없다. 물론 학교 수업이라면 토론이 원활하게 진행되지 않아도 큰 문제가 생기지 않는다. 하지만 직장에서도 과연 마찬가지일까? 기획안 발표를 앞두고 있거나 판매 전략 혹은 사업의 새로운 방향성을 결정하는 중요한 국면에 '의견이 취합되지 않아서'라는 변명은 통하지 않을 것이다.

인간관계에서도 상대방의 말을 이해하지 못하거나 의도를 파악하지 못하면 대화가 원활하게 흘러가지 않는다. '말을 엉뚱하게 해석하는 사람'으로 인식되면 본인도 모르는 사이에 관계가 끊어져도 할 말이 없다. 이처럼 사물을 어떻게 인식하고 요약하는가가 사회생활의 핵심이다. 요약은 한 사회의 공통된 인식이므로 정확하고 빠르게 요약하는 능력은 현대 사회를 살아가는 데 가장 중요한 힘이 된다. 이 책

의 목표는 요약력이라는 관점에서 세상을 다시 바라
보고 요약하는 힘을 기르는 것이다. 다음 내용을 통
해 요약력이 왜 필요한지 또 어떤 효과가 있는지 구
체적으로 살펴보자.

시간·에너지를 절약할 수 있다

나는 학자이므로 논문을 쓰거나 읽을 기회가 많
다. 논문은 대부분 글자 수가 많은데, 200자 원고지
로 100장은 기본이고 200장이 넘어가는 경우도 흔
하다. 그 많은 분량을 처음부터 읽어나가기란 쉬운
일이 아니다.

대학원생 시절 논문에 호되게 당한 경험이 있다.
어느 연구자가 쓴 엄청난 양의 논문을 고생 고생하
며 겨우 마지막까지 읽었는데, 거기에는 "지금까지
언급한 내용은 모두 내가 비판하고 싶은 부분이며
본론은……"이라고 쓰여 있었다.

나는 깜짝 놀랐다. 시간을 돌려내라고 항의하고

싶었다. 애써 읽은 내용이 전부 서론이었고 본론은 시작도 하지 않았다니 허탈한 기분이 들었다. 지금은 모르고 읽다가 낭패를 보지 않도록 논문 첫머리에 초록을 덧붙이는 것이 일반적이다. 친절한 논문은 초록에 다섯 개 정도의 키워드를 제시하는데, 이 키워드를 중심으로 읽어나가면 순조롭게 내용을 요약할 수 있다.

반대로 키워드를 다섯 개 정도로 추리지 못한다면 글쓴이는 자신이 쓴 논문에서 무엇이 중요한 요소인지 모른다는 말이 된다. 검색어를 입력했을 때 정확한 결과가 떠오를 만한, 다시 말해 '손잡이'에 해당하는 키워드를 설정했느냐에 따라 작성자의 요약력 수준이 판가름 난다고 해도 과언이 아니다. 글쓴이가 적절하게 요약력을 발휘하면 읽는 이가 요약하는 수고를 덜게 된다. 그만큼 시간과 에너지를 절약할 수 있는 것이다.

만약 요약력이 없는 사람이 회의 진행자를 맡으

면 어떻게 될까? 간단하다. 모두가 불행해진다. 내용 정리가 되지 않아 혼란에 빠지거나 쓸데없이 회의가 길어져 귀중한 시간을 낭비하게 된다. 이처럼 요약력이 있는 사람과 함께 일하면 효율이 올라가고 행복해지는데, 요약력이 없는 사람과 함께 일하면 시간도 오래 걸리고 들인 수고에 비해 결실도 적다.

여기서 문서 작성의 요령을 짚고 넘어가려고 한다. 일하다 보면 보고서 따위를 제출해야 할 때가 있는데, '너무 긴 내용'은 감점 요소다. A4 용지로 스물다섯 장이나 되는 보고서를 작성했다고 생각해보자. 상대방은 '하고 싶은 말이 많은 것은 알겠는데 더 짧게 정리해주었으면 좋겠다'라고 생각할 것이다. 딱 한 줄로 정리해준다면 더할 나위 없겠지만, 다섯 줄 정도는 문제없다. 단, 허용할 수 있는 최대 길이는 A4 용지 한 장이다. 요약력은 본인뿐만 아니라 타인의 시간까지 아껴주는 능력이며, 문서는 최대 A4용지 한 장으로 정리할 것. 반드시 기억하자.

똑똑하고 매력적인 사람이 된다

주변에 인간성은 좋은데 아무리 말해도 의도가 전달되지 않거나 혹은 내 말을 듣고 있는 게 맞는지 의심스러운 사람은 없는가?

그런 사람은 대부분 이야기를 열심히 듣고 있다. 다만 상대방이 하는 말을 머릿속에서 요약하지 못할 뿐이다. 첫 부분만 기억하고 그다음은 흐지부지되거나 관심 있는 내용만 귀에 들어오는 것이다. 결국 악의가 있는 것은 아닌데도 엉뚱한 대답만 튀어나온다. 그러다 보면 이 사람에게는 말해도 소용이 없다며 다들 멀리하게 되고, 그는 중요한 자리에서 소외된다. 그야말로 매력 없는 사람이 되는 것이다.

요약력이 있으면 상대방의 의견은 물론이고, 말의 의도와 요청 사항을 착각할 일이 없다. 말하고자 하는 바를 정확히 파악하여 빠르게 반응해주면 상대방도 신나서 더 말하고 싶어진다. 자연스레 매력적이며 똑똑한 사람이라는 이미지가 생기는 것이다.

얼마 전 지인에게 어느 관료를 찾아갔던 일화를 들었다. 그녀는 종종 업무 차 중앙 관청이 모여 있는 곳에 간다고 했다. 지인은 능력을 인정받는 편이었는데, 예전부터 그 관료가 썩 마음에 들지 않았다고 한다. 복잡한 절차를 고집하는 데다 잘난 척을 하는 점이 특히 싫다고 했다.

한번은 그녀가 엄청난 양의 자료를 들고 관료를 찾아가 내용을 설명한 적이 있다. 그러자 그는 종이를 훌훌 넘겨보더니 내용과 과제를 단숨에 파악했다. 게다가 대충 훑어보았을 뿐인데 "숫자가 몇 군데 틀렸네요" 하고 대수롭지 않은 듯 오류까지 지적하여 깜짝 놀랐다고 한다.

그녀는 관료의 능력에 감탄하며 이렇게 말했다. "관료에게는 요약력이 필수겠군요. 방대한 정보를 처리해서 요약하지 못하면 올바른 판단을 내릴 수 없으니까요. 엄청난 능력이에요." 그녀는 그날 이후 그를 다시 보게 되었고, 그토록 싫어하던 상대에게 존경과 신뢰마저 싹텄다고 한다. 자신의 의도를 정확히 파악해주는 상대라면 설령 의견이 달라도 눈여겨 보게 된다. 적어도 관계를 끊겠다는 생각이나 부정적인 이미지는 생기지 않는다.

이야기를 잘 들어주는 사람과 함께 있으면 마음이 편해진다고들 하는데, 이야기를 잘 들어주는 사람이란 결국 요약력이 뛰어난 사람이다. 아무 생각 없이 흘려듣는 것이 아니라 상대방의 의도를 요약하면서 듣는 것이기 때문이다. 요약하면서 듣기 때문에 적절하고 절묘하게 반응할 수 있다. 공을 잘 받아치려면 상대방의 공이 어떻게 날아오는지 알아야 하는데, 이때 구질을 파악하는 힘이 바로 요약력이다.

듣는 사람 입장에서도 원하는 곳에 정확하게 공이 되돌아오니까 '내 말을 알아주는구나!' 하고 감동하게 되는 것이다. 같이 있으면 기분 좋고, 유능한 사람이라 생각하게 된다. 따라서 요약력은 기분 좋은 대화의 기본인 셈이다.

타인에게 도움이 된다

요약력은 뜻밖의 장소에서 도움이 된다. 얼마 전 나는 500명 정도 모인 강연회에 강사로 초빙되었다. 참가자는 대부분 중년 남성이었다.

사회자의 소개가 끝나자 나는 "안녕하세요. 방금 소개받은 고죠 사토루입니다" 하고 말문을 열었다. 그러나 회장에는 적막이 흐를 뿐이었다. 그곳에 아이들이 있었다면 조금이라도 반응이 있었겠지만 중년의 아저씨들에게 '고죠 사토루'는 낯선 주제였다.

고죠 사토루는 만화 『주술회전』의 주인공이다. 아주 강하고 멋진 캐릭터인데, 농담이 통하려면 먼저 이 작품이 무엇인지 알아야 한다. 그래서 나는 공통 인식과 공감대를 형성하고자 작품의 내용을 요약하여 다음과 같이 소개했다.

"『주술회전』은 저주와 맞서 싸우는 주술사들의 이야기입니다. 인간 중에서도 힘을 타고난 주술사가 술식(기술)을 사용해 괴물을 무찌르죠. 그들에게는 '영역 전개'라는 술식이 있는데, 고죠 사토루의 영역 전개는 '무량공처'라 하고 손가락 모양을 이렇게 만듭니다."

15초 정도의 간단한 설명이었지만, 듣고 난 뒤 어떤 의도의 농담이었는지 모두가 이해했다. 『주술회전』이라는 만화가 있고, 고죠 사토루라는 캐릭터가 인기라는 정보가 머릿속에 입력된 것이다. 단 15초의 요약으로도 세대가 다른 이들과 공감대를 형성할 수 있다. 이렇게 요즘 어떤 주제가 화제인지 요약해 알려주는 사람이 있으면 아주 편리하다. 주변 사람은 물론 사회 전체에도 도움이 된다.

또 다른 예를 들어보겠다. 얼마 전 일본에서 한국 드라마 「사랑의 불시착」이 화제였다. 넷플릭스를 통해 전 세계에 공개되었으나 회원이 아닌 사람은 볼 수 없다. 몇몇이 모여 이 드라마를 주제로 대화를 나누고 있다고 상상해보자. 그중에 드라마를 보지 않은 사람이 있다면 그들의 이야기에 따라갈 수 없고, 소외감마저 느끼게 된다. 이때 누군가가 드라마의 줄거리를 알려 준다면 대화에 낄 수 있다. 간단한 설명으로도 충분하다.

"「사랑의 불시착」은 패러글라이딩 사고로 북한에 불시착한 한국의 재벌 상속녀와 북한 장교의 사랑을 그린 드라마예요. 한반도는 남북으로 갈라져 있어서 두 사람은 여러 장벽에 가로막히는데, 그것을 극복하는 과정이 아주 흥미진진하죠."

15초 정도의 짧은 설명이지만, 큰 줄거리만 알아도 대화가 훨씬 즐거워지고 금세 친해질 수 있다. 만약 아무도 요약해주지 않는다면 드라마를 보지 않은 사람만 따돌리는 꼴이 된다.

커뮤니케이션의 전제는 기본 지식의 공유다. 하나

만 알면 둘을 알 수 있는 상황일 때 '하나'에 해당하는 부분이 기본 지식이다. 예컨대 대화 도중에 들어온 사람은 지금까지 어떤 이야기가 오고 갔는지 모른다. 그때 누군가가 대화 내용을 요약해준다면 금세 흐름을 따라잡을 수 있는 것이다.

　마치 고속도로의 합류 구간에 진입하는 것과 마찬가지다. 속도를 올려 순조롭게 본선에 합류하면 그대로 쾌적하게 달릴 수 있다. 그러나 자동차 한 대가 꾸물대고 있으면 타고 있는 사람도 위험할뿐더러 자칫하면 다른 자동차까지 사고에 휘말릴 가능성이 높아진다. 요약력을 발휘하면 그러한 사고를 피할 수 있다. 대화의 흐름이 원활해진다는 뜻이다. 따라서 요약력은 사회 전체가 막힘없이 돌아가는 데 도움이 된다.

Summarization is power

제1장

모든 것은
요약에서
시작된다

일·관계·인생이
술술 풀리는 사람들의 공통점

다른 사람이 일하는 모습을 보면 가끔 이런 생각이 들 때가 있다. '이 사람은 왜 이렇게 일 처리가 느릴까?', '이 사람은 왜 이렇게 요점을 벗어날까?'

이렇게 생각하게 되는 데는 여러 가지 요인이 있다. 일하다 보면 여러 과제에 맞닥뜨리게 되는데, 저마다 대처 방식이 다르기 때문이다.

나는 다양한 사람을 관찰하면서 한 가지 공통점을 발견했다. 바로 상황을 정확하게 판단하는 힘의 유무다. 지금 무엇이 필요하고, 현재 어떤 상황인지 제대로 파악하면 적어도 길을 크게 벗어나는 일이 없다. 그러나 상황 판단을 제대로 하지 못하면 적절한 대응이 불가능하다. 업무는 물론 인간관계와 인생도 점점 엉뚱한 방향으로 흐르게 된다.

이처럼 상황 판단력은 모든 일의 기본이며 그 힘의 바탕에는 요약력이 있다. 요약력이란 본질을 꿰뚫어 보고 과제를 찾아내는 힘, 다시 말해 '○○는 ××이다'라고 명확하게 표현할 수 있는 능력이다.

간혹 수업 중에 지금 어떤 상황이고 무엇이 필요한지 물었을 때 전혀 대답하지 못하는 학생이 많다. 결국 상황을 판단하고 설명할 수 있는 힘인 요약력이 없기 때문이다.

나는 교사가 되는 것이 목표인 학생들을 지도하고 있다. 어느 날 교육 실습 중인 학생들에게 교실 아이들의 상황을 물어보았더니 "진도를 잘 따라오는 아이들은 전체의 3분의 1입니다. 그래서 나머지 3분의

2도 무리 없이 따라오도록 지도하고 있습니다"라고 정확하게 대답한 한 학생이 있었다. 그 학생에게는 안심하고 실습을 맡길 수 있겠다고 생각했다.

반대로 "어…… 뭐, 대체로 괜찮은 것 같습니다"라고 대답하는 이도 적지 않았다. 그들은 교실의 상황을 제대로 파악하지 못했다. 다시 말해 상황을 요약하지 못한 것이다. 나는 실습이 흐지부지되기 전에 제대로 지도해야겠다고 마음먹었다.

유독 감이 좋은 이들은
무엇이 다를까

  그렇다면 어떻게 해야 상황 판단력을 기를 수 있을까? 가장 좋은 방법은 상황을 실체화·구체화하는 것이다. 각자 머릿속에서 상황을 판단하기 때문에 누가 어떻게 생각하고 있는지, 혹은 자신의 판단이 정확한지 아닌지 알 수 없다.

  예를 들어 판단력의 최대치가 숫자로 10이라고 할 때, 자신의 위치를 현재 수치로 나타내면 어느 정도인지 파악하는 것이 숙달의 기본이다. 이를 위해서는 '외부의 피드백'이 필요하다. 자신의 현재 상태를 모르고서는 발전할 수 없다.

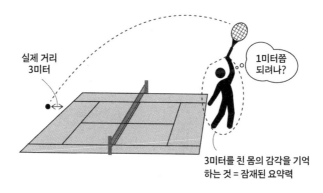

테니스 이너게임 이론

테니스 코치였던 티머시 골웨이는 저서 『테니스 이너게임』에서 심리 기법 이너게임inner game을 접목한 훈련법을 소개했다. 요가를 응용하여 탄생한 이너게임 이론에 따르면 자신의 현재 상태를 파악하는 것이 숙달의 기본이라고 한다. 나 역시 테니스를 지도할 때 이를 실제로 활용하고 있다.

서브를 칠 때 테니스공이 코트 끝의 베이스라인 밖으로 나가면 아웃이다. 번번이 서브에 실패하는 사람이 있다고 상상해보자. 서브 습관을 고치기 위해 코치가 손목 각도, 발의 방향, 팔꿈치의 위치를 지적해도 쉽게 고쳐지지 않는다.

이럴 때는 접근법을 바꾸어야 한다. 먼저 "공이 베이스라인에서 몇 미터 밖으로 나갔다고 생각하세요?" 하고 묻는 것이다. "한 1미터쯤 될까요?"라고 대답했다면 코치가 "아니요, 3미터입니다" 하고 정확한 수치를 피드백한다.

이와 같은 훈련을 반복하다 보면 서브를 쳤을 때 느끼는 몸의 감각과 테니스공이 날아간 거리의 수치가 점점 가까워진다. 이 느낌이라면 실제 거리가 어느 정도일지 감을 잡게 되는 것이다. 내부의 감각과 외부의 실제 수치를 비교함으로써 자연스레 수정 회로가 만들어지고, 결국 서브를 넣는 힘을 수정하여 마침내 베이스라인 안쪽에 공을 넣을 수 있게 된다.

이것이 테니스 이너게임 이론이다. 나도 이 방법을 응용하여 좋은 효과를 보았던 경험이 있다.

요컨대 요약한 내용을 외부로 꺼내어 실체화한 뒤, 피드백하는 과정이 중요하다. 그 과정을 되풀이 하면 내부 감각을 수정하는 회로가 형성되고, 외부 상황을 더 정확하게 파악할 수 있다. 다시 말해 요약 력을 훈련함에 따라 상황 판단력을 기를 수 있는 것 이다. 사실 상황 판단력을 기르기란 쉽지 않다. 이는 눈으로 확인할 수 없는 복잡하고 종합적인 판단으로 이루어지기 때문이다.

반면에 요약력을 훈련하는 방법은 비교적 간단하 다. 구체적인 방법은 제2, 3장에서 자세히 설명하겠 지만, 연습하고 나면 종류를 불문하고 무엇이든 빠 른 시간 안에 핵심을 파악하게 될 것이다. 직관적이 고 간단한 방법을 통해 복잡하고 종합적인 상황 판 단력이 향상된다면 해보지 않을 이유가 없다.

또 하나 요약력이 상황을 180도 바꾼 사례가 있

다. 제18회 나가노 동계올림픽 스키점프 단체전에서 금메달을 딴 하라다 마사히코는 제17회 릴레함메르 동계올림픽에서 점프에 실패한 후 난조에 빠졌다.

그러나 아내의 "당신답게 해요"라는 한마디에 자신을 돌아보게 되었고 "하라다는 몇 번이고 부활합니다"라는 명언과 함께 화려하게 복귀했다. 그는 결국 나가노 동계올림픽의 금메달리스트가 되었다.

'당신답게'란 오랫동안 곁에서 남편을 지켜봐 온 아내의 마음을 '요약'한 것이다. 그 말을 듣고 하라다는 초심을 되찾았다. 자신의 현재 상황을 요약하여 냉정하게 돌아보고 난조를 극복하여 제 기량을 발휘한 것이다.

이렇듯 요약력만 있다면 상황 판단력은 자연스레 따라온다. 정확한 상황 판단은 상황을 유리하게 바꾸는 힘이 될 것이다. 덧붙여 이는 빠른 의사 결정에도 도움이 된다. 상황 판단의 초점이 어긋나 일이나 인생이 잘 풀리지 않는 사람은 상황 판단력이 아니라 요약력부터 먼저 길러야 한다. 요약력을 단련하다 보면 저도 모르는 사이에 상황 판단력이 향상된다. 다른 어떤 것보다 요약력을 다지는 것이 먼저다. 이 순서를 꼭 기억하자.

03

똑똑하고 유능한 사람은
요약부터 합니다

똑같은 상황을 두고 왜 각각 다른 의견이 나오는 걸까? 상황에는 객관적인 한 가지 사실만 있는 것이 아니기 때문이다. 또 개인의 관점은 모두 다른 법이다. A가 보는 상황, B가 보는 상황, C가 보는 상황은 모두 다르다. 열 명의 사람이 있으면 열 가지의 상황이 만들어진다. 상황은 사실 하나가 아니다. 이것은 '현상학現象學'의 기본적인 개념이다.

일 잘하는 사람들은 "지금 어떤 상황인가요?"라는

물음에 대체로 비슷하게 대답한다. 나는 예전에 입시 전문 학원에서 답안지 첨삭 아르바이트를 한 적이 있다. 문장을 요약한 문제를 채점하는데 성적이 나쁜 학생의 요약은 엉망이었다. 엉뚱한 곳에 주목하거나 요점을 잘못 짚은 학생이 많았다.

한편 성적이 좋은 학생의 요약은 대체로 비슷했다. 상황을 보는 개개인의 관점은 달라도 어느 정도 공통된 주관, '공동주관성'이 존재한다는 뜻이다.

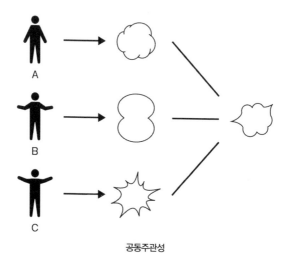

공동주관성

공동주관성이란 간주관성間主觀性또는 상호주관성이라고도 하는데, 이는 주관과 주관 사이에 있는 공통된 성질을 말한다. 모든 개인은 각자 다른 주관을 가지고 있다. 열 명의 사람이 같은 현실을 체험해도 개개인의 관점이나 생각은 조금씩 다르기 마련이다. 그러나 큰 틀에서 보면 '대체로 이런 느낌'이라는 나름의 유사성이 있다. 현상학에서는 그것을 공동주관성이라고 부른다.

예컨대 코로나19 사태에 '전염병이 유행해서 오히려 잘됐다'라고 생각하는 사람이 소수 있을지도 모르지만, 대체로 '경제가 타격을 입고 자유로운 행동이 제한되어 힘든 시국'이라는 인식을 공유한 것이 대표적이다. '힘든 시국'은 개인의 주관이지만 여러 사람의 공통된 주관이기도 하며, 또 절대적 객관성은 존재하지 않지만 여러 사람의 주관 속에서 발견한 공통점이 모여 객관성을 이루는 것이다. 이것이 독일의 철학자 에드문트 후설이 개척한 현상학의 기본 개념이다.

　우리는 살아가면서 공동주관을 필요에 따라 수정하고 재확인한다. 공동주관이 공유되지 않으면 사회에서 모두와 함께 살아가기 힘들어지기 때문이다. 서로 생산적인 의논을 나누려면 객관성에 가까운 공동주관을 공유해야 하는데, 이것이 어긋나면 끝도 없이 불필요한 대화만 이어질 뿐이다. 요컨대 공동주관은 요약의 결과라 할 수 있다.

　텔레비전을 통해 토론 방송을 보다 보면 결론도 없이 입씨름만 계속하는 사람들이 있다. 언뜻 감정적인 싸움으로 보이지만, 어느 한쪽 혹은 양쪽 모두에게 공동주관, 즉 요약력이 부족한 것이 원인이다. 한편 공동주관이 성립되면 대화가 원활하게 흘러간다. 현재 상황과 과제를 서로에게 전달하고 신속하게 인식을 공유할 수 있다.

　인식이 공유되면 의견을 통일하기가 쉬워진다. 특히 비즈니스 현장에서는 신속하게 의사 결정을 내린 후 곧장 실행에 옮기는 데 도움이 된다. 알다시피 신속한 의사 결정과 실행력은 '일 잘하는 사람'의 필수 요소다. 그러므로 일을 진행할 때는 공동주관, 바로 각자 요약한 결과를 꼼꼼히 확인해야 한다.

예를 들어 회사에서 실적 현황을 보면서 긴박한 상황에 대처할 새로운 방침을 의논하고 있다고 상상해보자. 그런데 이 정도 수치는 딱히 위험하지 않다는 반대 의견이 나왔다. 그 사람이 요약한 바로는 상황이 아직 심각하지 않다는 뜻이다.

그렇다면 "이 수치는 어떻습니까?", "이 부분과 비교해서 이쪽의 동향은 어떻습니까?" 하고 다른 상황을 제시하면서 심각성을 확인시켜야 한다. 그런 다음 "여기까지 문제없습니까?", "여기까지 이해되었습니까?" 하고 차근차근 공동주관을 쌓아가는 작업이 매우 중요하다. 각자 상황을 어떻게 요약했는지 반드시 확인하고 넘어가야 한다는 뜻이다.

04

이기는 축구팀이
하프타임 때 꼭 한다는 '이것'

스포츠는 공동주관의 특징이 가장 잘 드러나는 사례다. 특히 단체 스포츠에서는 상황 파악의 공동주관이라 할 수 있는 요약의 공유가 꼭 필요하다.

나는 축구를 아주 좋아한다. 청소년 시절에는 실제로 즐겨 했고, 성인이 된 지금도 시즌 중에는 매일 시합을 시청할 정도다. 축구를 좋아하게 된 이유는 정확한 상황 판단과 공동주관이 필요한 스포츠이기 때문이다. 축구는 요약력이 곧 승부를 결정하는 스포츠다.

예컨대 전반전에서 전략이 빗나가 시합이 계획대로 흘러가지 않으면 팀 전체가 혼란에 빠진다. 그 혼란 속에서 남은 시간 동안 어떻게 대처할 것인지 상황을 빠르게 요약해야 한다. 그리고 "내가 이쪽으로 갈게. 너는 저쪽을 맡아줘" 하고 짧게 작전을 전달하여 공동주관을 수정해야 한다. 축구 시합에는 신속하게 상황을 파악하고 요약하여 전달하는 능력이 필수인 셈이다. 요약력이 뛰어난 선수가 많을수록 팀은 시합 도중에도 전략 수정을 거듭하면서 단시간에 체제를 회복할 수 있다.

그래서 우수한 감독은 하프 타임에 전반전 경기를 요약한 내용을 바탕으로 한 과제와 수정 사항을 선수들에게 빠르게 전달해야 한다. 모두가 알다시피 하프 타임은 짧다. 주어진 시간은 15분이지만 선수는 열한 명이다. 그 사이에 옷을 갈아입고 휴식도 취해야 하므로 모든 선수와 대화할 시간이 없다. 얼마나 상황을 간결하게, 잘 요약해서 전달하느냐가 승부를 가른다.

우수한 감독일수록 각 선수에 대한 요약이 명확하다. 감독의 지시가 마치 퍼즐 조각이 제자리를 찾아가듯 맞춰지면서 후반전을 완성하는 것이다. 이때가 바로 해설자가 "전략이 완전히 바뀌었군요!"라고 말하는 순간이다. 그래서 나는 축구 경기를 관람할 때 전반전과 후반전의 전략이 어떻게 바뀌는지를 늘 신경 쓴다.

오랫동안 일본 축구 국가대표팀 주장을 맡았던 하세베 마코토는 상황을 읽는 능력이 탁월하며 뛰어난 요약력을 발휘하는 선수다. 선수인데도 마치 감독처럼 모든 상황을 파악하고 지시를 내려서 '피치pitch(경기장) 위의 감독'이라는 별명이 붙었다. 그뿐만 아니라 독일어에도 능숙하여 독일 축구팀에서 리더십을 발휘하는 것으로도 유명하다.

요컨대 공동주관이 형성된 조직은 높은 퍼포먼스

를 발휘할 수 있다. 기업이든, 대학이든, 병원이든, 어떤 조직이든 간에 가장 핵심적인 과제는 구성원 각자의 요약을 맞추어보면서 공동주관을 쌓아가는 것이다.

05

F=ma 공식의
탄생을 기억하라

짧지 않은 세월을 살아오면서 다양한 실패를 목격했는데 대체로 요약력이 부족한 경우가 많았다. 거꾸로 생각하면 성공한 사람의 비결은 요약력에 있다는 뜻이 된다. 이때 말하는 요약력이란 본질을 최대한 정확하고 단순하게 파악하는 힘이다.

'본질'에 대해 생각할 때마다 나는 수학이나 물리학 공식을 떠올린다. 뉴턴의 운동 법칙 중에 'F=ma'라는 아주 간결한 공식이 있다. F는 힘, m은 질량, a는 가속도를 나타낸다.

기본적으로 어떤 물체든지 간에 이 공식 하나로 그 움직임을 나타낼 수 있다. 이는 세상에 존재하는 질량과 힘의 관계에 가속도라는 요소를 더하여 하나로 묶은 요약이다. 고등학교 물리 수업에서 이 방정식을 처음 배웠을 때 뉴턴의 요약력에 감탄했던 기억이 있다.

마찬가지로 아인슈타인의 유명한 공식 $E=mc^2$도 에너지와 질량의 관계를 간결하게 나타낸 식이다. E는 에너지, m은 질량, c는 빛의 속도다. 모든 에너지는 질량과 빛의 속도의 제곱을 곱한 것과 같다. 놀라울 정도로 간결하면서도 본질을 잘 나타낸 요약이다.

두 공식 모두 우주의 원리를 한마디로 요약하여 수식화한 것이다. 더없이 간결하고 아름답다. 본질을 요약하는 힘이 이 정도 경지에 오른다면 어디에 가서도 성공할 수 있을 것이다.

달인에게는 절대로 빠트릴 수 없는 요소, 즉 본질

을 최대한 단순하게 파악하는 능력이 있다. 여러분도 본질이 무엇인지, 빠트릴 수 없는 요소가 무엇인지 의식하면서 사물을 보는 습관을 들이기 바란다.

본질을 간파하여 단순화하는 능력을 갈고닦는 것이 성공에 가까워지는 지름길이다. '본질을 간파하여 단순화한다'라는 말을 생각하자, 일본의 근대 문학을 대표하는 작가 고다 로한과 부인 기미의 일화가 떠올랐다. 그의 둘째 딸 고다 아야가 쓴 회고록 『된장 찌꺼기』에 의하면 아버지 고다 로한은 부인을 두고 "그 영리함이 애틋할 정도"라 했다고 한다. 감탄을 넘어서 애틋할 정도로 똑똑했다고 하니 몹시 현명한 여성이라고 추측할 수 있다.

어느 정도였느냐 하면 기미는 한 번도 본 적 없는 서양 요리를 남편의 이야기만 듣고 만들었는데, 실제 요리와 아주 흡사했다고 한다. 어떻게 만들었는지 묻자 그녀는 "서양 요리란 모름지기 무엇을 위에 뿌리는가로 결정되는 것 아닌가요?" 하고 거꾸로 질문했다고 한다.

서양 요리는 고기도 채소도 아닌 소스가 생명이다. 기미의 질문에서 그녀가 서양 요리의 본질을 제대로 파악했다는 사실을 알 수 있다. 서양 요리에 빠질 수 없는 요소가 무엇인지 생각한 결과, 소스라는 단순한 본질에 도달한 것이다.

본질을 단순화한 또 하나의 사례를 소개한다. 불교학자 스즈키 다이세쓰와 함께 전 세계에 선불교의 가르침을 전파한 스즈키 순류 노사는 '선심禪心'을 향해 정진하라고 말했다. 방대한 선禪의 세계에서 꼭 필요한 요소를 추구하여 마침내 선심이라는 간결하고도 본질적인 단어에 도달한 것이다.

그는 선심을 'Zen Mind'로 표기해 전 세계에 널리 전파했다. 스즈키 순류의 『선심초심』은 1960년대 미국 젊은이들에게 큰 영향을 미쳤으며 스티브 잡스의 애독서로도 유명하다. 뉴턴의 F=ma, 아인슈타인의 $E=mc^2$과 마찬가지로 간결하고 본질적인 요약이기 때문에 '선심은 동양 문화의 정수'라는 공식이 전 세계에 침투한 것이다. 이처럼 사물을 보면서 어떻게 해야 본질을 나타낼 수 있을까 하고 고민에 고민을 거듭할수록 참신한 표현이 떠오를 가능성이 높아진다.

06

한마디로 표현하는
습관을 들이자

본질을 한마디로 표현하는 것은 정의를 내리는 것과 같다. 다시 말해 요약의 최종 목표는 정의를 내리는 것이다.

일본 무사의 지침서라 불리는 『하가쿠레』에 "무사도란 죽는 것이다"라는 유명한 문장이 있다. 그야말로 무사도의 본질을 한마디로 정의한 문장이다. 또 다른 예를 들어보자. 일본어로 노래를 뜻하는 '우타歌'의 어원은 '호소하다'라는 뜻의 '웃타후訴ふ'라는 설

이 있다. 이 설에 따르면 '노래란 마음에 호소하는 것이다'라고 정의할 수 있다.

마음에 호소하는 노래라 하면 70년대에 활약한 전설적인 가수 야마구치 모모에가 떠오른다. 그녀는 호소력 있는 목소리로 아주 큰 사랑을 받았다. 작곡가인 고즈 요시유키에 의하면 야마구치 모모에는 악보 그대로 노래를 부르지 않았다고 한다.

실제 악보보다 반음 낮게 부를 때도 있었는데, 요시유키는 오히려 그 점이 좋았다고 한다. 마음에 와닿는 노래란 악보가 아니라 가수의 재해석을 통해 탄생하는 것이 아닐까.

그렇게 생각하여 '노래란 마음에 호소하는 것이다'라고 정의하면 지금까지와는 다른 각도로 노래를 감상하게 된다. 꼭 가창력이 좋아야 듣는 이에게 감동을 줄 수 있는 것은 아니다.

어떤 노래를 들었을 때 '가창력이 썩 훌륭하지 않았지만 감동적이었어', '기교는 완벽한데 왠지 마음에 와닿지 않아' 하고 생각할 때가 있다. 노래가 '마음에 호소하는 것'이라고 정의했다면 답은 저절로 나온다. 노래에 대한 관점이 달라지기 때문이다.

이런 식으로 새로운 정의를 찾다 보면 사물을 다각도에서 바라보게 되고 인생이 재미있어진다. 우리 삶의 궁극적 목표는 정의를 발견하는 것이라고 해도 과언이 아니다.

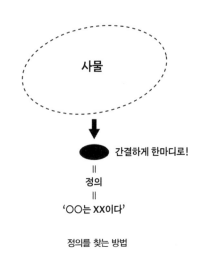

정의를 찾는 방법

정의를 발견하는 방법은 간단하다. 일단 '○○는 ××이다'라는 공식에 대입해보는 것이다. 연습 삼아 '결혼은 ○○이다'에 여러 가지 단어를 대입해보자. '결혼은 8대 지옥이다', '결혼은 착각의 연속이다'와 같이 다양한 정의를 만들어 볼 수 있다.

미국의 비교신화학자 조지프 캠벨의 라디오 대담집 『An Open Life』는 일본에서 『조지프 캠벨이 말하기를 사랑해서 하는 결혼은 모험이다』라는 제목으로 출간되었다. 일종의 정의를 제목으로 사용한 사례다.

물론 정의가 딱 한 가지만 있으라는 법은 없다. 본질을 파악하는 가장 효과적인 방법은 앞서 살펴보았듯이 어떻게 대상을 한마디로 표현할 수 있을지 생각하는 습관을 들이는 것이다. 새로운 정의를 발견할수록 세상은 더 또렷하게 보일 것이다.

07

감정에 이름을 붙여야 하는 이유

사실 딱 한마디로 정의하는 것은 막상 하기 쉽지 않은 일이다. '○○는 ××이다'라고 정의했을 때 '정말 그게 맞나?'라는 의문이 들기도 한다.

정의는 딱 한 가지가 아닐 수도 있다. 다른 사람이 내린 정의에 고개를 끄덕이면서도 왠지 개운치 않을 때가 있다. 나름대로 정의를 내린 후에 '혹시 내가 틀렸나?' 하고 불안해질 가능성도 없지는 않다.

여기서 미국의 심리학자 유진 젠들린이 만든 개념

인 펠트 센스felt sense(감각 느낌)를 짚고 가겠다. 살다 보면 말로 표현하기 어려운 떨떠름한 느낌을 발견할 때가 있는데, 그때 느끼는 감각을 펠트 센스라고 한다. 즉, 펠트 센스란 어렴풋이 느끼고 있으나 말로 정의할 수 없는 감각이다. 그 감각을 단서로 내면을 돌아보고 언어로 표현하면 복잡하고 불편했던 마음이 편안해진다.

유진 젠들린의 저서 중에 다음과 같은 사례가 등장한다. 남편의 승진 소식을 들은 아내가 기쁨보다도 왠지 모를 답답함을 느꼈고, 상담을 통해 원인은 질투심이었다는 사실을 깨달았다. "아, 나는 남편이 부러웠구나" 하고 감정을 언어화하자 답답했던 마음이 해소되었다고 한다.

개운치 않고 불편한 느낌은 마음을 괴롭게 한다. 그럴 때 '질투심이다', '경쟁심이다', '열등감이다'라고 감각을 요약하여 언어로 표현하는 것이다. 지금 느끼고 있는 펠트 센스에 딱 맞는 이름을 붙이면 답답

함이 사라지고 마음이 후련해진다. 이렇듯 딱히 뭐
라고 표현하기 어려운 감정에 이름을 붙이는 것도
요약이다.

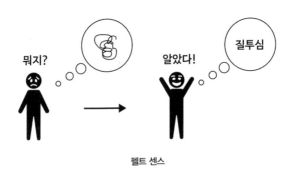

펠트 센스

대문호 나쓰메 소세키는 젊었을 적 유학을 떠난
런던에서 신경증을 앓았다. 아무도 만나지 않고 방
에 틀어박혀 지냈는데, 마치 자루 속에 갇힌 듯 답답
했다고 한다.

답답하고 괴로운 마음, 그것이 나쓰메 소세키의
펠트 센스였다. 그는 자신이 갇혀 있는 자루를 안쪽

58

에서 찢고 나갈 계기가 필요하다고 생각했다.

그를 구한 것은 바로 '자기 본위selfish'라는 네 글자의 단어였다. 형언할 수 없는 답답함에 괴로워하던 그에게 그 단어는 돌파구가 되었다.

나쓰메 소세키가 말한 자기 본위란 타인의 시선을 신경 쓰지 않고 문학 연구에 매진하는 것이 자신의 과제이며 나아갈 방향이라는 뜻이다. 콤플렉스를 벗어나 자신을 기준으로 행동하자는 확신이 담겨 있다.

답답한 마음의 정체는 무엇인가? 해결하려면 무엇이 필요한가? 나쓰메 소세키는 자신에게 어떤 마음가짐이 필요한지 요약하여 신경증을 극복했다. 그는 훗날 강연 '나의 개인주의'에서 "자기 본위란 나를 강하게 해준 말"이라고 소개하기도 했다. 네 글자의 짧은 단어지만 펠트 센스를 단서로 상황을 요약하고 언어화하여 고민을 해결할 원동력으로 삼은 것이다.

이유는 잘 모르겠지만 답답하며, 그런 상황 때문에 고민이라면 답답함이라는 감정과 마음을 요약하여 언어화해야 한다. 아마도 감정을 요약하지 않았다면 나쓰메 소세키는 계속 방에 틀어박힌 채 괴로워했을지도 모른다.

물론 확실하게 '이거다!'라고 할 만한 단어는 좀처럼 찾기 어렵다. 그러므로 펠트 센스에 이름을 붙이는 것부터 시작해보자. 계속 시도하다 보면 해결의 실마리가 보일 것이다.

Summarization is power

제2장

불필요한 삶의 낭비를 줄여라

: 기초 요약력 트레이닝

준비 시간
1분이면 충분하다

먼저 요약하기 위한 기초 시간부터 확보해야 한다. 말하기 전에 준비 없이 이야기를 꺼내는 것은 지도나 나침반도 없이 항해를 나서는 것과 마찬가지다.

무작정 말을 하기 시작하면 어디로 향하는지, 어떻게 나아가면 좋을지 방향이 보이지 않는다. 듣는 이도 상대방의 의도를 알 수 없다. 그러나 조금만 준비 시간을 확보해도 상황은 극적으로 바뀐다. 간혹 수업 중에 발표할 학생을 무작위로 지명할 때가 있다. 갑

자기 호명되면 쩔쩔매는 학생이 적어도 한 명은 있기 마련이다.

반면에 1분 동안 준비 시간을 주면 훨씬 수월하게 발표할 수 있다. 단 1분이라도 요약할 시간이 확보되면 논리정연하게 설명할 수 있다. 아무런 준비 없이 요약하는 것보다 훨씬 효과적이다.

그러므로 요약 준비 시간을 평소 습관으로 만들면 좋다. 책을 읽기만 하고 끝내는 사람이 많은데, 단 1분이라도 좋으니 책 내용을 요약해보는 것이다. 또는 드라마를 보고 난 다음 1분 정도 머릿속에서 내용을 정리해보자. 단 1분이지만 습관이 쌓이면 몇 년 후에 요약력의 차이가 어마어마하게 벌어진다.

20세기 초 유럽에서 활동한 화가 후지타 쓰구하루의 그림은 요약력의 결정체라 할 수 있다. 그의 그림은 아주 단순한 선으로 이루어져 있다. 선 하나에 마치 목숨이라도 건 것마냥 심혈을 기울여 선을 긋는다. 그래서인지 그의 작품은 더없이 단순하면서도 깊은 입체감이 느껴진다. 단 한 줄의 선을 긋기 위해 후지타 쓰구하루는 오로지 데생 연습에만 몰두했다고 한다.

그림과 요약력은 관련이 없는 듯하지만, 결국 선 하나하나가 수없이 많은 데생 연습의 요약인 것이다. 후지타 쓰구하루가 데생 연습을 반복했듯이, 우리 역시 평소에 요약력을 기르기 위한 짧은 연습 시간을 수차례 확보하는 것이 중요하다.

09

회의할 때
말 잘하는 법

말하기 전에 머릿속에서 내용을 한 번 정리하는 것이 기본 상식이지만, 의외로 이를 소홀히 하는 사람이 많다. 이야기할 기회만 있으면 그저 떠오르는 대로 말하는 것이다.

물론 요약력이 있다면 즉석에서 갑자기 말을 시작하더라도 도착점까지 무사히 끌고 갈 수 있다. 하지만 이제 막 요약력을 기르려는 사람이 아무 준비 없이 이야기를 시작하는 것은 아주 무모한 일이다.

앞서 요약에는 준비 시간이 필요하다고 했다. 항상 준비 시간을 확보하고 머릿속에서 내용을 정리하는 습관을 들여야 한다. 적어도 이야기할 주제, 키워드, 결말 정도는 여러 번 되풀이해두어야 한다. 아무리 여유가 없다고 해도 결론만큼은 반드시 정해두자. 도착점을 정해두어야 이야기가 엉뚱한 방향으로 흐르지 않는다.

업무 회의를 생각해보자. 본인의 발언 순서가 돌아오기까지 어느 정도 시간이 있을 때는 머릿속으로 또는 메모를 하면서 꼭 말해야 할 내용, 미리 요약해두어야 할 사항 등을 정리할 수 있다.

그렇게만 준비해도 충분하지만 또 한 가지 요령이 있다. 공유해야 할 사항을 서두에서 짤막하게 소개하는 것이다. 요약의 고수라는 감탄이 절로 나온다. 현재 상황이나 과제, 지금까지 논의한 내용 등의 공통인식을 간결하게 언급하는 것이다. 시간으로 따지면 5초에서 10초로 충분하다. 그 이상 길어지면 다 아는 내용이기 때문에 지루해질 수 있으니 주의해야 한다.

공통 인식을 효과적으로 언급하고 싶다면 본인이 해설자가 되었다고 상상하며 연습하는 방법을 추천한다. 나는 때때로 해설자로서 방송에 출연하곤 한다. 복잡한 사안은 5초에서 10초 정도로 상황을 정리한 다음 간단히 의견을 더하여 총 20초 정도로 마무리한다. 바로 의견만 말하는 것보다 공감을 얻기 쉽다. 이처럼 방송을 보면서 자신이 해설자로 출연했다고 상상해보자. 뉴스를 그저 흘려듣지 말고 들은 내용을 어떻게 10초로 정리해서 해설할지 생각하는 것이다.

뉴스를 보면서 훈련을 반복하다 보면 간단한 내용일 경우 5초에서 10초 내로 요약할 수 있게 된다. 이 훈련의 성과를 회의나 미팅에서 응용해보자. 발언 순서가 되었을 때 "지금까지 논의한 의견은 A이고 과제는 B입니다만……" 하고 시작하면 상황 정리를 잘한다는 좋은 평가를 받을 수 있다.

10

서론에서 힘을 빼야
힘이 생긴다

요약력이 없는 사람은 도입부 설명을 쓸데없이 자세하고 길게 하는 경향이 있다. 좀처럼 본론으로 들어가지 않으니 듣는 쪽도 넌더리가 난다. 요점도 명확하지 않아서 말솜씨가 없다는 평가를 받게 된다.

여기서 일본 설화『우라시마 타로』의 요약을 보고 넘어가도록 하자.

옛날 우라시마 타로라는 어부가 어머니와 단둘이 살

고 있었다. 어느 날 바닷가에 낚시하러 간 우라시마 타로는 아이들이 거북이를 못살게 구는 것을 보았다. 커다란 거북이었다. 거북이를 가엾게 여긴 타로는 아이들에게 거북이를 괴롭히지 말라고…….

이런 식으로 첫 부분을 너무 자세히 설명하면 좀처럼 이야기가 진행되지 않는다. 이는 책을 처음에만 열심히 읽다가 중간에 내팽개친 사람이 흔히 하는 요약이라 할 수 있다.

뒷부분을 의식하지 않으면 처음에 힘을 다 쏟기 마련이다. 바로 입학시험이 좋은 예다. 앞부분에 시간을 많이 쓴 탓에 점수가 큰 중요한 문제를 손도 대지 못했다는 실패담을 자주 듣게 되는 것이 이 때문이다. 그래서 전체를 훑어본 다음 한 문제당 어느 정도의 시간을 들일 수 있고, 어느 부분에서 속도를 내야 하는지 계획해야 한다. 문제를 치우침 없이 처리하는 데에는 계획성이 필요한 것이다.

요약도 마찬가지다. 전체를 살펴본 다음 중요한 곳과 그렇지 않은 곳을 구별하면 완급이 조절된 글이 완성된다. 앞서 소개한 『우라시마 타로』의 절정은 후반부에 등장하므로 앞부분에서는 속도를 내야 한다.

『우라시마 타로』의 동요 버전이 좋은 예시다.

옛날 옛날 우라시마는 도와준 거북이를 따라
용궁에 갔다네
그림으로도 그릴 수 없이 아름다워라

동요를 보면 바닷가에서 아이들이 거북이를 괴롭히고 있었다는 도입부는 짧게 압축되어 있다. 이것이 요약력의 기본이다. 이야기를 줄여서 동요 가사를 쓴 이는 요약력이 뛰어난 사람이었을 것이다.

요약력에 자신이 없는 사람은 일단 도입부 설명이 늘어지지 않게 신경 쓰도록 하자. 그 점만 주의해도 훨씬 좋은 요약문을 쓸 수 있다.

11

시작점과 도착점을 정해
디딤돌을 놓는다

전체 흐름을 간략히 정리하는 것이 요약의 기본이다. 이때 두 가지 주의점이 있다. 도입부 설명을 길게 끌지 않아야 하고, 중요한 부분을 빠트리지 않고 챙겨야 한다.

대학교 수업을 할 때면 학생들에게 읽은 책을 요약하여 발표하는 과제를 내곤 하는데, 나는 그때마다 모두에게 '강'을 떠올리라고 조언한다. 지금 눈앞에 강이 있고, 나는 강 건너편으로 가야 한다. 강을 상상하는 이유는 내가 초등학생 시절 강 근처에 살았기 때문이다. 친구들과 강에 징검다리 삼아 디딤돌을 놓고 폴짝폴짝 뛰어 반대편 강기슭으로 건너가는 놀이를 자주 했었다.

앞에서 나온 『우라시마 타로』 이야기를 예시로 '강 건너기 놀이'를 요약에 응용해보자. 먼저 줄거리를 간략히 소개한다.

> 옛날 옛날에 우라시마 타로라는 어부가 아이들에게 괴롭힘을 당하던 거북이를 구해준 답례로 용궁에 가게 되었다. 용궁에서 만난 공주는 그를 극진히 대접하고, 절대 열어 보지 말라고 당부하며 상자를 선물로 준다.
>
> 우라시마 타로가 바닷가로 돌아와 보니 경치가 완전히 달라져 있었다. 이상하게 여긴 그가 보물 상자를 열자 연기가 나왔고, 순식간에 백발의 노인이 되었다.

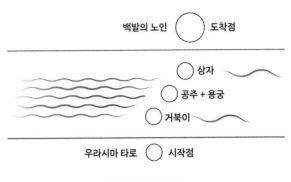

백발의 노인 ◯ 도착점

◯ 상자

◯ 공주 + 용궁

◯ 거북이

우라시마 타로 ◯ 시작점

디딤돌을 세 개 둔다

시작점은 우라시마 타로라는 어부가 바닷가에 갔는데 아이들이 거북이를 괴롭히고 있는 장면이다.

건너편 기슭인 도착점은 우라시마 타로가 상자를 열자 순식간에 백발의 노인으로 변하는 장면이다. 시작점과 도착점 사이를 디딤돌로 연결하면 요약문이 완성된다. 머릿속에 강을 떠올리며 상상해보자. 종이에 직접 그리면서 해도 좋다.

시작점과 도착점을 정한 다음, 그 사이에 돌을 놓는다. 시작점에서 출발하여 순서대로 디딤돌을 밟고

지나가면 무사히 도착점에 다다를 수 있다. 이것이 요약의 왕도다. 요약력이 없는 사람은 이 방법부터 익히도록 하자.

이때 디딤돌을 몇 개 두어야 할까? 먼저 시작점에는 우라시마 타로가 있다. 그는 바닷가에서 아이들이 못살게 굴던 거북이를 구해준다. 거북이는 빠트릴 수 없는 요소이기에 첫 번째 디딤돌이다. 그 밖에 아이들이 거북이를 어떻게 괴롭히고 있었는지, 아이들이 몇 명인지는 생략한다.

도움을 받은 거북이가 감사의 표시로 우라시마 타로를 용궁으로 데려간다. 용궁에 도착하자 공주가 그를 극진히 대접한다. 이 부분이 두 번째 디딤돌이다.

그리고 우라시마 타로는 시간 가는 줄 모르고 즐겁게 놀다가 돌아가기 전에 상자를 선물로 받는다. 이 장면이 세 번째 디딤돌이다.

그가 원래 있던 바닷가로 돌아와 보니 경치가 완전히 달라져 있었다. "여기가 어디지?" 하며 우라시마 타로는 당황한다. 그리고 공주가 열지 말라고 당부했던 상자를 열어본다. 상자에서 나온 연기를 뒤집어쓴 우라시마 타로는 순식간에 백발의 노인이 되었다. 여기가 도착점이다.

이 중에서 빠트릴 수 없는 요소를 꼽아보자. 간결하게 요약하려면 디딤돌은 세 개만 두는 것이 좋다. 요약점이 세 개 정도라면 누구나 무리 없이 기억할 수 있다. 그러나 세 개가 넘어가면 집중력이 떨어지고 다섯 개가 넘어가면 외우기를 포기하게 된다.

그러므로 이야기의 핵심 요소를 세 개로 추려야 한다. 첫 번째 디딤돌 '거북이' 그리고 '용궁'과 '상자'는 꼭 필요하다. '공주'도 중요한 인물이므로 '용궁'과 '공주'를 하나로 묶어 두 번째 디딤돌로 둔다. 마지막으로 '상자'가 세 번째 디딤돌이다.

정리하면 '거북이', '용궁+공주', '상자'가 건너편에 도착하기 위한 세 개의 디딤돌이다. 이 세 가지만 빠짐없이 들어가면 요약이 성립한다.

만약 세 개 중 하나라도 빠트리면 강에 풍덩 빠지게 된다. 요약에 자신이 없다면 강을 그린 다음, 먼저 시작점과 도착점을 정한다. 그리고 세 개의 디딤돌에 각각 무엇을 둘지 찬찬히 생각하면 쉽게 요약할 수 있다.

12

서사의 뼈대를
찾아라

세 개의 디딤돌을 찾는 것이 어렵다면 이야기의 중심이 되는 뼈대를 찾은 다음 살을 붙여나가는 방법도 있다.

일본 설화 『모모타로』를 예로 들어보자. 이야기를 간단히 소개하자면 다음과 같다.

옛날 어느 날 할아버지는 산에 나무하러, 할머니는 빨래하러 강가에 갔다. 할머니가 한참 빨래를 하는데 강에 커다란 복숭아가 떠내려왔다. 복숭아를 갈라보니 남자아이가 나왔다. 노부부는 아이의 이름을 모모타로라고 지었다. 그 뒤 성장한 모모타로는 요괴를 퇴치하러 길을 떠난다.

모모타로는 개, 원숭이, 꿩에게 수수경단을 나누어주고 부하로 삼은 뒤, 오니가시마에 가서 요괴를 무찌른 다음 보물을 가지고 돌아온다.

이 이야기를 정리하면 시작점은 '복숭아 발견', 도

뼈대를 찾아 살을 붙인다

착점은 '보물을 가지고 귀환'이다. 디딤돌은 '복숭아에서 태어난 남자아이', '부하로 삼은 개, 원숭이, 꿩', '요괴 퇴치'다.

더 짧게 요약하면 '복숭아에서 태어난 모모타로가 요괴를 퇴치하는 이야기'이다. 이 문장이 중심 뼈대에 해당한다. 요약을 할 때는 뼈대를 빠트려서는 안 된다. 이야기의 뼈대만 잘 파악하면 다른 내용 없이도 요약이 성립한다. 여유가 있다면 '개, 원숭이, 꿩', '수수경단' 등으로 살을 붙여가면 된다. 인간이 척추뼈 없이 살 수 없듯이, 이와 마찬가지로 이야기의 뼈대가 되는 필수 요소를 찾아내면 가장 기본 요약이 완성된다.

여기서 요약력에 자신이 없는 사람을 위해 이야기의 뼈대를 쉽게 발견하는 방법을 소개한다. 바로 이야기의 절정을 찾는 것이다. 이야기에서 빠트릴 수 없는 절정 부분이 대부분 뼈대에 해당한다. 요약에는 이 뼈대가 필수다.

다른 일본 설화 『거미줄』을 예시로 생각해보자.

나쁜 짓만 골라 하다 지옥에 떨어진 칸다타는 살아 생
전 거미 한 마리를 살려준 일이 있었다. 그 사실을 알
고 있던 석가모니는 극락에서 거미줄 한 오라기를 내
려보냈다.

칸다타가 거미줄을 타고 올라가자, 지옥에 있던 악인
들이 줄지어 따라 오기 시작했다. 칸다타는 줄이 끊어
질까 봐 올라오지 말라며 그들을 뿌리쳤다. 그 순간
거미줄이 끊어지면서 칸다타는 다시 지옥으로 떨어
졌다.

이 이야기의 절정은 거미줄이 끊어지면서 칸다타
가 다시 지옥에 떨어지는 부분이다. 이야기의 중심이
되는 뼈대이므로 절대로 빠트릴 수 없는 장면이다.

뼈대를 찾았으니 이제는 살을 붙여나가기만 하면
된다. 극락에 있는 석가모니와 지옥에 있는 칸다타

의 대비, 칸다타가 석가모니가 내린 거미줄을 타고 올라가는 장면, 뒤이어 줄을 붙잡는 악인들을 본 칸다타의 말에 거미줄이 끊어지는 장면, 이 세 개의 장면을 뼈대 삼아 살을 붙여나가면 과하지도 부족하지도 않은 요약문이 완성된다. 이것마저도 어려울 때는 뼈대만 언급해도 좋다. 최저한의 요약으로써 이야기의 절정만 소개하는 것도 초보자에게 추천하는 기술이다.

이야기의 골자를 설명하는 대신 주제를 바탕으로 요약하는 방법도 있다. 『거미줄』 이야기의 주제는 칸다타의 '이기심'이다. 이기심과 욕심을 부린 대가로 거미줄이 끊어져 다시 지옥으로 떨어진 것이다. 이렇듯 주제를 나타내는 핵심 단어를 찾는 것도 요령이다.

13

키워드에
동그라미를 친다

요약할 때 표제나 소제목이 많은 도움이 된다. 잡지나 신문을 보면 기사 첫머리에 표제가 있고 그다음에 부제나 소제목이 이어진다. 잘 살펴보면 이러한 제목에 본문의 키워드가 들어 있다는 사실을 알 수 있다.

키워드는 내용을 파악하는 데 꼭 필요한 단서이므로 놓치지 말아야 한다. 나는 글을 읽으면서 키워드라고 생각하는 부분에 볼펜으로 원을 그려 강조한다. 나중에 표시한 부분만 확인하면 대강 어떤 내용인지 요약할 수 있다.

앞서 강을 떠올리면서 시작점과 도착점을 정하고 세 개의 디딤돌을 연결하는 요약의 왕도를 알아보았다. 이번에는 디딤돌에 키워드를 두는 방법을 소개한다.

얼마 전 잡지 《닛케이 사이언스》 2021년 6월 호에서 요약의 좋은 예시를 발견했다. 여기에는 다양한 논문이 소개되는데, 주로 첫머리에 본문의 요약을 제시한다.

그중 「평생 이어지는 건강 격차」라는 특집에서 「일본의 조사에서 밝혀진 빈부 격차와 아동의 건강」이라는 제목의 논문이 눈에 띄었다. 제목을 보면 '빈부 격차', '아동', '건강'이 키워드라는 점을 알 수 있다. 이 정보만 갖고도 대강의 기사 내용이 유추된다. 건강에도 격차가 있는데 이는 빈부 격차가 원인이 되며, 가정의 빈곤이 아동의 건강에 악영향을 끼친다는 내용이라고 짐작할 수 있다. 실제 요약문에는 임신부의 경제 상황이 태아에게 악영향을 끼치며, 그 영향은 아동이 성장한 후에도 평생 지속된다고 쓰여 있었다.

이렇듯 '아동', '건강', '빈부 격차', '평생'이라는 키워드를 디딤돌 삼아 이어나가면 요약이 순식간에 완성된다. 키워드는 요약이나 내용 파악에 꼭 필요한 요소이므로 의식적으로 표시해두고 놓치지 않도록 하자. 다음은 논문의 실제 내용 중 일부이니 제목을 통해 유추한 내용이 반영돼 있는지 검토해보자.

흡연, 높은 스트레스, 편향된 식사 등은 가난한 여성에게서 두드러지게 나타나는 현상이며, 모두 태아에게 악영향을 끼친다. 또 이때 받은 영향은 아동이 성장한 후에도 평생 이어진다. 일본에서 진행한 조사에서도 빈부 격차에 따른 빈곤이 아동의 건강을 해친다는 보고가 있다. 조기에 적절한 사회적 지원이 필요하다.

14

한 끗 차이를 줄
'핵심 워딩' 만들기

2021년 4월 26일 자 《요미우리신문》 기사에 재미있는 표제가 있었다. 요리 연구가 히라노 레미의 추억의 맛을 소개하는 기사였는데, 표제가 「'혓바닥'으로 연결된 가족」이었다.

기사의 키워드는 바로 '혓바닥'이다. 보통 '혀' 혹은 '맛'이라는 단어를 쓸 법도 한데, 굳이 '혓바닥'인 이유는 히라노 레미의 표현을 그대로 빌려왔기 때문이다.

특히 인터뷰 중에는 "가족을 100년 가까이 이어주는 것은 스킨십이 아닌 '베로십(베로ᄊ히는 일본어로 '혀'라는 뜻이다)'입니다"라는 내용이 있다. '스킨십이 아닌 베로십'이라니 정말 강력한 파워 워드의 등장이다. 이를 바탕으로 기사의 제목이 만들어진 것이다.

이렇듯 키워드 중에 힘 있는 파워 워드를 끼워 넣으면 읽는 이에게 강한 인상을 줄 수 있다. 무난하게 '요리로 연결된 가족'이라고 요약해도 좋겠지만, 기왕이면 인상 깊은 키워드를 찾아 활용해보자. 파워 워드는 밋밋하고 재미없는 요약에 개성을 더해준다.

최근 일본 아마존 사이트에서 본 애니메이션 「겨울왕국」의 요약문이 썩 훌륭했다. 특히 "'금단의 힘'을 통제하지 못하고 왕국을 겨울로 만들었다"라는 문장이 눈에 띄었다.

'금단의 힘'은 「겨울왕국」의 키워드다. 신비로운 힘으로 왕국을 몽땅 얼렸다는 설정은 이 애니메이션만의 특징이다. 또 중요한 키워드가 문장 부호로 강조

되니 훨씬 눈에 잘 들어왔다. 겉핥기에서 한 발짝 더 깊이 들어간 요약이다.

이처럼 눈에 띄는 키워드가 들어가면 색다른 요약이 된다. 또 꼭 강조하고 싶은 단어에 작은따옴표를 붙이는 것도 좋다. 이 방법만으로도 누구나 인상 깊은 요약문을 쓸 수 있다.

15

중요한 부분은
고딕체로 생각한다

평소 말하는 습관을 의식하면 요약력을 다지는 데 효과적이다. 머릿속으로 키워드와 포인트를 의식하면서 말하는 것이다.

활자로 치면 중요한 부분을 두꺼운 고딕체로 표시하듯이 대화하는 것이다. 이렇게 하면 고딕체인 부분은 자연스레 목소리가 커지거나 손짓이 더해져서 대화 흐름에 완급이 생긴다.

나는 어릴 적부터 활자에 푹 빠져 살았다. 그래서

금단의 힘을
통제하지 못하고
왕국을 겨울로 만들었다.

고딕체로 대화한다

인지 글을 읽다 보면 저절로 고딕체로 강조해야 할
부분이 떠오른다. 활자와 친숙하게 지낸 사람은 아
주 강력한 무기를 가지고 있는 셈이다. 그러므로 요
약력이 부족하다는 생각이 든다면 활자와 친해지도
록 노력하는 것이 좋다. 신문, 책, 잡지 등에는 종종
고딕체로 강조된 부분이 있으므로 완급 조절의 요령
을 배울 수 있다.

　'이 부분은 고딕체', '이 문장은 소제목', '이 단어는
작은따옴표로 강조' 이런 식으로 상상하며 글을 쓰
고 대화도 해보자. 고딕체를 떠올리면서 쓰고 말하

면 강조할 부분과 아닌 부분을 구별하는 요령이 생기고 요약력 향상에 도움이 된다.

16

그래프를 알면
전체가 보인다

교육을 주관하는 일본 문부과학성이 발표한 '새로운 학력^{學力}' 중에서 독해력이 정말 중요한 힘으로 꼽히는데, 그중에서도 특히 그래프나 표를 읽는 힘이 필요하다고 강조한다.

표나 그래프에는 글로 된 정보가 적다. 주어진 정보 안에서 의미를 파악해야 하므로 상당한 요약력이 필요하다. 요약력이 부족한 사람은 그래프나 표가 무엇을 나타내는지 곧바로 이해하지 못한다.

표를 열심히 들여다보아도 숫자만 쓰여 있으니 어떤 부분에 주목해야 할지 판단할 줄 모른다. "여기가 포인트입니다", "y축의 변화에 주목하세요" 등 자세한 설명이 있어야 비로소 숫자의 뜻을 이해하는 경우가 많다.

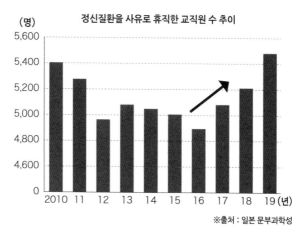

그래프에 화살표를 추가한다

나도 발표할 때 객관적인 숫자를 이용할 때가 있다. 그럴 때는 중요한 숫자가 강조되도록 화살표로 움직임을 나타내거나 색을 입히는 등 다양한 방법을 사용한다.

또 그래프나 표의 내용을 파악해야 할 때는 메모를 추가하면서 읽는다. 그래프를 보면서 변화가 눈에 띄는 곳을 화살표로 표시하거나 관련 정보를 보충하면 그 자체로 훌륭한 요약이 된다.

17

일러스트로 생각하면
심플해진다

그래프나 표는 추상적이므로 요약할 때 단어나 기호 등을 더해줘야 한다. 그에 비해 일러스트는 그림만으로도 요약이 성립한다.

다음 쪽에 이 개념을 정리한 일러스트를 실었다. 말로 전하기 어려운 철학 개념도 그림으로 나타내면 쉽게 이해할 수 있다. 요약의 목적은 쉽고 짧게 전달하는 것이므로 그림을 활용한 설명은 아주 효과적이다. 학교에서도 교사가 칠판에 그림을 그려서 설명하곤 한다. 이 방법은 주로 경제경영서에서 쓰인다.

아타카 가즈토의 저서 『기획서는 어떻게 만들어지는가』는 요약을 알기 쉽게 도식화하여 좋은 평가를 받았다. 이 책에서 언급한 생산성 공식이 그 좋은 예다. 앞서 제2장에서 언급했듯이 공식은 아주 단순한 요약이다. 개념을 명료하게 정리한 공식에 도식까지 곁들이면 훨씬 이해하기 쉽다.

옆의 그림에 '멍멍이 길'이라는 파워 워드가 있다. 여기서 멍멍이 길이란 절대 들어서지 말아야 할 길로, 일심불란으로 많은 양의 일을 해서 가치 있는 영역에 도달하고자 하는 접근 방식이다. 이는 아타카 가즈토의 독자적인 이론으로, 투자한 시간과 노력 대비 생산성이 낮고 아웃풋의 질이 떨어지는 업무 방식을 뜻한다.

설명만 들어서는 감을 잡기 힘든 개념도 그림으로 나타내면 이해하기 쉽다. 도식이 개념의 요약 그 자체이기 때문이다. 직접 손으로 그리거나 컴퓨터를

생산성 공식

$$\text{생산성} = \frac{\text{아웃풋}}{\text{인풋}} = \frac{\text{성과}}{\text{투자한 노력·시간}}$$

멍멍이 길

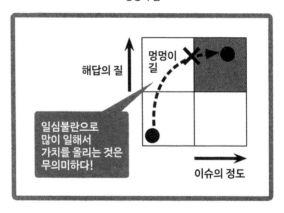

활용하는 등 도식과 문장을 함께 제시하면 상대방에게 쉽게 전달되며 자신의 이해력도 향상된다. 이것 역시 요약력에 자신이 없는 사람에게 추천하는 방법이다.

18

바쁘고 곤란한 상황일 때 써먹는 요약의 기술 5가지

느닷없이 요약해달라는 말에 당황하거나 머리가 새하얘진 경험은 없는가? 갑자기 지명되어 단시간에 내용을 정리해야 할 때 요약력이 없는 사람은 혼란에 빠지기 쉽다. 이처럼 곤란한 상황에 처했을 때 대처할 수 있는 비장의 기술을 소개한다.

1. 결론부터 먼저 말한다

회의나 수업에서 내용을 요약해 발표해야 하는 상

황이 생겼을 때 아무 말도 하지 않는 것은 가장 최악의 대처법이다. 한마디라도 좋으니 무슨 말이든 해야 한다. 글로 써서 제출할 때도 마찬가지다. 무엇이든 써서 기한까지 제출하는 것이 사회인으로서 지켜야 할 최소한의 예의다.

그렇다면 어떻게 해야 할까? 결론부터 먼저 말하면 된다. 난처하다고 해서 현재 상황을 길게 설명하거나 지금까지의 경과를 구구절절 보고해봤자 상대방을 질리게 할 뿐이다. 이는 요약력이 없는 사람이 하기 쉬운 실수다.

'요약'하라는 주문을 받았으니 잡다한 내용을 길게 늘어놓기보다 중요한 사항을 한마디로 정리하는 편이 좋다. '시작점 → 디딤돌 → 도착점'의 순서가 요약의 왕도지만, 지키기 어려울 때는 도착점부터 시작해도 괜찮다. 그런 다음 '결론 → 근거와 이유'순으로 이야기를 전개하면 최저한의 요약이 성립한다.

2021년 4월 26일 자《마이니치신문》의 기사를 예

로 들어보겠다. 표제는「재택근무 정착률 감소세」로, 가장 먼저 눈에 띄는 표제에 기사의 결론을 가져왔다. 그리고 '출근자 70% 감소에는 못 미쳐', '회사 측 직원 관리에 어려움 겪어', '사원 측 노동시간 평가에 불안 느껴'라는 부제가 이어진다. 객관적인 숫자를 들어 재택근무가 정착하기 어려운 이유를 소개하고 있다.

요약을 해야 할 때도 이렇게만 정리해도 충분하다. 이 방법은 여러 장면에서 활용할 수 있다. 다시 말해 요약하기 어려울 때는 결론을 찾아 첫머리에 가져오면 좋다. 그런 다음 결론의 근거가 되는 자료나 이유를 덧붙이면 요약의 틀이 잡힌다. 곤란할 때는 결론을 먼저 말할 것, 알아두면 편리한 방법이다.

2. 항목별로 나누어 쓴다

문장을 어떻게 쓸지 생각하느라 시간이 많이 든다는 사람이 있다. 그럴 때는 요점을 항목별로 나누어 써보자. 깨끗하게 비워두는 것보다 항목을 나누어 내용을 짧게라도 채우는 편이 훨씬 낫다. 항목별로 요점을 정리했다면 이미 상당한 요약력이 있다는 뜻이다. 자신감을 가져도 좋다.

항목별로 요점을 열거한 사례는 주변에서 많이 찾아볼 수 있다. 예컨대 기업 이념이나 경영 방침은 기업의 본질을 집약한 궁극의 요약이다.

일례로 일본 최대의 제분 회사 닛신제분의 경영 기본 방침 중 일부를 소개한다.

[기업의 이해관계자에 대한 기본 자세]
- 고객 : 생산자와 사업자의 요구를 정확히 파악하여 신뢰를 바탕으로 안심할 수 있고 안전하며 품질 높은 제품과 서비스를 제공한다.
- 주주 : 안정적이며 적정한 배당, 제때 알맞은 정보를 개시하도록 끊임없이 노력한다.
- 종업원 : 사원 한 명 한 명이 일을 통해 기쁨과 삶의

보람을 느끼며 능력과 개성을 최대한 살려 안전하고 건강하게 일할 수 있는 직장 환경을 조성한다.

- 거래처 : 상호 신뢰를 바탕으로 상대의 입장을 존중하고 성과를 함께 나눔으로써 공존·공영을 꾀한다.
- 사회 : 건전한 사업 활동으로 사회 발전에 공헌한다.

각 항목에 전달해야 할 내용이 빠짐없이 정리되어 있으며 기업의 기본 방침이 잘 드러나 있다. 여유가 없을 때는 이처럼 항목별로 나누어 요약하는 방법을 활용해보자.

3. 목차를 먼저 만든다

항목별로 나누는 방법과 비슷한데 요약에 앞서 목차를 만드는 방법도 있다. 요약할 분량이 일정 이상 될 때, 쓸 내용을 열거한 다음 목차 형식으로 정리하는 것이다.

목차는 글의 전체 요약본이나 다름없으므로 그 항

목을 훑어보면 내용의 흐름을 알 수 있다. 아무것도 없이 시작하는 것보다 글쓰기도 한결 수월해진다.

예절 및 매너 스쿨 대표로 유명한 스나이 에미의 저서 『가정 교육이 잘된 사람만이 알고 있는 것』은 여성 독자에게 큰 인기를 끌었는데, 이 책은 목차의 항목이 무려 257개나 된다. 목차만 읽어도 책을 다 읽은 것 같은 기분이 들 정도다. 예시로 목차 일부를 소개한다.

1. 무표정과 웃음 사이의 미소 짓는 표정

2. 안면이 없더라도 가볍게 목례하기

3. 인사할 때는 잠깐 멈춰 서서

4. 자연스럽게 나오는 배려의 한마디

목차가 곧 본문의 요약이므로 한눈에 내용이 파악 된다. 본문은 먼저 만든 목차를 바탕으로 쓰면 된다. 요약하기 막막할 때 목차를 먼저 정리하면 글을 생각보다 수월하게 쓸 수 있다.

4. 질문으로 소제목을 만든다

'왜 후각이 사라지는가?', '중증 환자의 특징은?' 이
렇게 질문으로 소제목을 만드는 방법은 상대방의 관
심을 끌어내고 싶을 때 유용하다. 이 질문 형식은 내
가 좋아하는 방법이기도 하다. 교사를 지망하는 학
생들에게 늘 "실습수업 때 질문을 활용해보라"라고
조언할 정도다.

국제 과학 잡지 《네이처》는 전문적인 지식을 다룬
논문이 많이 포함돼 있어서 가볍게 읽기 어렵다는
느낌이 든다. 하지만 소제목이 질문 형식으로 되어
있으면 조금 더 친숙하게 느껴진다.

2021년 1월 21일 발행호에 실린 기사 「COVID-19
에 의한 후각 장애와 미각 장애 : 과학적으로 해명된
사실」에서는 소제목을 질문 형식으로 구성했다. 순
서대로 나열하면 다음과 같다.

"COVID-19 감염자 중 후각 상실을 경험한 비율은?"

"COVID-19 감염자는 왜 냄새에 대한 감각을 잃게 되는가?"

"사라진 감각은 어느 정도 지나야 회복되는가?"

"화학 감각을 영구적으로 상실할 경우 어떤 영향이 있는가?"

"감각을 회복하기 위한 치료법은 있는가?"

소제목을 읽어보면 어려운 논문이라도 읽을 만하겠다는 생각이 든다. 전부 꼼꼼히 읽을 필요도 없고 관심 있는 내용만 골라 읽어도 좋다. 소제목 아래에 질문에 대한 해답이 바로 이어진다는 점도 편리하다.

이 방법은 독자의 흥미와 관심을 끄는 동시에 시간도 절약할 수 있다는 장점이 있다. 현대 사회에서 요약력이 요구되는 이유 중 하나가 시간 낭비를 줄이기 위해서다. 질문 형식으로 소제목을 만들고 그에 대한 해답을 제시하는 요약법은 이러한 사회적 요구에 부응하는 방법이라 할 수 있다.

5. 비교 대상을 가져온다

또 한 가지 추천하고 싶은 방법은 비교 대상을 가져오는 방법이다. 비교할 대상이 있으면 요약하기 수월해진다.

얼마 전 읽은 2021년 4월 25일 자 《요미우리신문》에 마침 좋은 기사가 있었다. 「어느 쪽?」이라는 제목으로 작가 우치다 햣켄과 유메노 규사쿠를 비교한 기사였는데, 본문을 좌우 대칭으로 나누어 보기 쉽게 구성했다.

부제는 각각 다르게, 우치다 햣켄은 '넘치도록 깊고 따스한 인정', 유메노 규사쿠는 '신비한 세계관에 빠져든다'로, 독자들이 두 작가의 매력이 무엇인지 이야기한 내용을 엮은 형식이다.

이 좌우 대칭 방식은 요약을 일목요연하게 정리할 때 유용하다. 이 기사에서 독자들이 나눈 의견을 작가별로 정리했듯이, 각각의 시점에서 내용을 비교할 때 특히 편리한 방법이다. 이런 식으로 복수의 시점에서 A와 B를 대조하면 깔끔하고 보기 쉬운 요약이 완성된다.

하나뿐이면 이해하기 힘들지만

비교 대상이 있으면 이해하기 쉽다

Summarization is power

제3장

본질을
파악하여
정곡을 찔러라

: 본격 요약력 트레이닝

책 한 권을
30초 안으로 요약해보자

.

A4 한 장 분량으로 정리한다

나는 대학교에서 책을 한 권 읽고 30초 내로 요약하여 발표하는 수업을 하고 있다. 2인 1조가 되어서 상대방에게 자신이 읽은 책 내용을 30초 내로 요약하여 소개하는 것이다.

의외로 처음부터 30초 안에 군더더기 없이 핵심만 요약할 줄 아는 학생은 많지 않다. "어……", "뭐였더라……" 하며 망설이는 사이에 제한 시간이 끝나기도 한다. 그러나 순서대로 연습하다 보면 누구나 책 한 권을 30초 안에 설명할 수 있게 된다. 학기가 끝날 무렵에는 난이도를 올려 발표 시간을 15초로 줄이는 데, 모두 문제없이 통과하곤 한다.

거듭 말했듯 요약력은 훈련으로 얼마든지 향상할 수 있고 이 사실은 내가 수업을 통해 입증했다. 제3장에서는 구체적인 훈련법을 살펴볼 것이다.

첫 번째로 책 내용을 30초 안에 요약하는 연습을 해보자. 먼저 A4 사이즈의 종이 한 장을 준비한다. 종이에는 다음 내용을 적는다.

- 책 제목
- 한 줄 설명(이 책의 내용, 30자 이내)
- 취지(이 책의 메시지, 120자 이내)
- 인용문 세 개

- 책 제목
- 한 줄 설명
- 취지
- 인용문 세 개

책에 관한 정보는 직접 써보자

책을 읽을 때도 요령이 필요하다. 3색 볼펜으로 밑줄을 치며 읽는 것이다. 책이 지저분해질수록 자신의 피와 살이 되므로 이를 망설이지 말자.

가장 중요하다고 생각한 곳에 빨간색, 그다음으로 중요하다고 생각한 곳에 파란색, 중요하지 않지만 재미있다고 생각한 곳에 초록색으로 밑줄을 친다.

다 읽고 나면 책의 결론이 무엇인지 생각한다. 결론을 '취지'의 서두에 가져오고 결론의 근거를 세 가지 꼽는다. 이것으로 취지는 완성이다.

그런 다음 읽으면서 감탄했거나 재미있다고 생각한 문장을 세 개 정도 골라 인용문에 가져온다. 여기까지 썼다면 책의 성격도 대강 파악된 것이다. 마지막으로 이 책을 한마디로 나타내는 설명문을 쓰면 끝이다.

다 작성한 후에 종이를 훑어보자. 요약하기 위한 준비는 다 끝난 것이나 마찬가지다. 이 종이만 있다면 30초 내로 요약하는 것은 식은 죽 먹기다. 빠르게 읽기만 하면 된다. 중간중간 생략하면 15초로도 충분하다.

앞으로 다소 번거롭더라도 책을 읽은 후에 A4 한 장에 요약하는 습관을 들여보자. 요약력이 단련될 뿐만 아니라 머릿속에 지식이 정착되어 일거양득이다.

20

줄여서 말해주세요,
현기증 나니까

사회에 나가면 갑작스레 상황이나 문제의 개요를 설명해야 해서 난처해질 때가 있다. 그때 간결하고 정확하게 설명하면 좋은 평가를 받게 되지만, 반대로 갈피를 못 잡고 횡설수설하면 듣는 이마저 불안해진다. 보고는 딱 15초 정도로 끝내는 것이 좋다.

나는 때때로 학생들에게 자신의 근황을 15초 정도로 보고해달라고 말한다. 15초 안에 기승전결을 살려 웃음 포인트까지 챙기는 학생도 있는 한편, 높은 전공 성적과는 다르게 근황 보고는 형편없는 학생도 있다.

얼마 전에도 한 우수한 학생이 근황을 보고하는데 2분 넘게 쩔쩔매고 있었다. 그래서 다른 학생에게 그의 이야기를 요약해달라고 한 다음, 본인에게 다시 해볼 것을 제안했다. 그러자 이번에는 15초 안에 깔끔하게 요약하는 데 성공했다. 다른 사람의 요약을 듣고 중요한 부분이 어디인지 정확하게 파악한 덕분이었다.

사실 이야기가 길어질수록 중요한 내용이 가려진다. 말을 많이 한다고 좋은 게 아니다. 글이든 말이든 간에 오히려 다듬어 나갈수록 본질이 뚜렷해진다. 그 사실을 염두에 두고 근황이나 상황은 최대한 짧게 설명하도록 주의하자. 그렇다고 해서 "말주변이 없어서요" 하며 빼지 말고 무슨 말이든 해야 한다. 몇 번이고 되풀이하다 보면 요령을 익히게 될 것이다.

베테랑 코미디언도 중요한 무대에 오르기 전에 대

본을 몇 번이고 다듬는다고 한다. 늘 말이 길어지고 요약에 자신이 없는 사람이라도 15초 트레이닝을 반복하다 보면 요점을 명확하게 짚어낼 수 있다.

21

곁가지는
괄호로 묶어둔다

책을 끝까지 읽고도 저자의 의도를 파악하지 못하는 사람이 있다. 일단 책을 요약하려면 요지를 파악해야 한다. 책을 많이 읽어서 활자에 익숙해지는 방법이 제일이지만, 이번에는 조금 색다른 접근을 소개하고자 한다.

바로 영어 독해 트레이닝이다. 의외라고 생각하겠지만 영어 장문 독해가 요약력을 단련하는 데 큰 도움이 된다. 최근 입시 문제에서도 비교적 긴 영문을 제시한 뒤 요지를 묻는 내용이 자주 눈에 띈다. 텍스트를 빠르게 훑어보고 중요한 내용이 무엇인지 파악해야 하는 것이다.

장문의 영어를 읽을 때도 요령이 필요하다. 빠르게 훑어보면서 '여기는 구체적인 사례 제시니까 넘어가자', '이 관계대명사 다음은 수식어구니까 넘어가자' 하는 식으로 불필요한 부분을 건너뛰면서 골격을 찾아야 하는 것이다.

뜻을 모르는 단어가 나오더라도 요지와 관련이 없다면 무시해도 좋다. 질문하는 것은 단어의 뜻이 아니라 '이 글의 핵심'이기 때문이다. 겉에 붙은 살을 무시하고 뼈를 찾아 조합하면 문장의 골격이 보인다. 글의 요지가 드러나는 것이다.

나는 영문을 해석할 때 수식어나 관계대명사절에 괄호를 치면서 읽어나간다. 이와 유사하게 현상학에서는 판단하기 전에 선입견을 '괄호'로 묶어둔다. 일단 괄호를 쳐두고 판단을 보류하는 것이다. 마찬가지로 영문에서 괄호를 친 부분은 자질구레한 곁가지다. 그러므로 모르는 단어가 있더라도 신경 쓰지 않아도 된다. 일단 가지와 잎을 잘라내고 기둥만 남긴다. 이 작업이 끝나면 글의 골격이 드러난다. 다시 말해 요약력이 부족하다는 것은 골격을 찾는 힘이 약하다는 의미다. 그러나 영어 장문 독해를 꾸준히 하다 보면 문장의 골격을 쉽게 찾을 수 있다.

매일 하루도 빠짐없이 영어 신문을 읽는 이가 있었다. 그는 이를 1년 정도 꾸준히 실천하다 보니 영문의 골격이 글에서 절로 떠오르듯이 보인다고 했다. 그뿐만 아니라 어떤 신문 기사라도 읽으면 내용을 순식간에 파악할 수 있게 되었다고 한다. 영문 독해력이 향상되면 모국어 문장을 읽을 때도 불필요한 곁가지를 쳐내고 빠르게 골격을 찾아낼 수 있는 것이다.

지금은 학교 또는 직장에서 영문 자료나 문서를 읽을 기회가 많으니 영어 독해 트레이닝을 평소에 꼭 실천해보기 바란다. 영문 독해력은 물론 모국어 문장을 읽고 요지를 파악하는 힘도 길러지니 일거양 득이다.

22

영화보다 더 재밌는
유튜브 영화 요약본 만드는 노하우

줄거리는 기승전결로 나누어 소개하기

감동적인 영화를 보고 나면 다른 사람에게 소개하고 싶어지는 법이다. 내가 중학생 때 앨프리드 히치콕 감독의 1940년 작 「레베카」가 방영된 적이 있다. 영화를 감명 깊게 본 나는 다음 날 체육 시간에 옆에 있던 친구에게 줄거리를 이야기해주었다.

영화를 보고 나서 친구나 지인에게 소개하거나 요약본을 만들어 유튜브에 올리거나 블로그에 감상문을 쓰는 방법은 누구나 할 수 있는 가장 쉬운 요약력 트레이닝 중 하나다. 물론 영상 작품을 요약하는 일은 문장을 요약하는 것보다 난이도가 올라간다. 하지만 영화에는 서사가 있으므로 기승전결만 파악하면 쉽게 요약할 수 있다. 자세한 줄거리를 언급해도 상관없을 때는 기승전결에 따라 요약하면 실패할 수가 없다.

제임스 캐머런 감독의 영화「타이타닉」을 예로 들어보자.「타이타닉」의 기승전결을 정리하면 다음과 같다.

(기) 배에 탄다

(승) 사랑이 싹튼다

(전) 배가 침몰한다

(결) 둘 중 하나밖에 살 수 없다

기승전결을 파악했다면 각각의 항목에 살을 붙여

가면 된다.

먼저 호화 여객선 타이타닉호가 등장한다. 타이타닉호는 영국을 떠나 미국으로 첫 항해를 시작하고, 가난한 화가 지망생 잭과 상류층 가문의 딸 로즈가 탑승한다. 여기까지가 '기'에 해당한다.

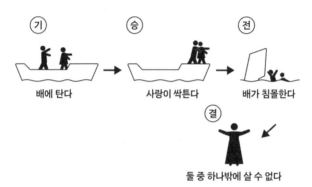

영화 「타이타닉」의 기승전결

두 사람은 신분의 차이를 뛰어넘어 사랑에 빠진다. 이 부분이 '승'이다. 그러나 거대한 빙하와 충돌한 여객선이 침몰하고 구명보트가 모자란 탓에 수많은 탑승객이 희생된다. 여기까지가 '전'이다.

마지막 '결'은 로즈를 구한 잭이 차가운 바닷속으로 가라앉는 장면이다. 이 기승전결을 순서대로 연결하면 영화 「타이타닉」의 요약이 완성된다.

스포일러를 방지하는 말줄임표 활용법

영화 줄거리를 요약할 때 스포일러는 금물이다. 그럴 때 말줄임표를 활용하면 편리하다. 한 온라인 웹사이트에서는 영화 「타이타닉」을 다음과 같이 소개한다.

1912년, 첫 항해를 떠난 호화 여객선 타이타닉호. 아메리칸 드림을 꿈꾸는 가난한 화가 지망생 잭과 상류층 가문의 딸 로즈는 선상에서 운명적으로 만난다. 신분 차이를 뛰어넘어 서로에게 깊이 빠져가는 두 사람. 그러나 안타까운 운명이 불침선이라 불리던 호화 여객선을 덮치는데……

말줄임표를 효과적으로 사용하면 스포일러를 피할 수 있다. 아직 영화를 보지 않은 사람을 배려하고 싶을 때 쓰면 좋은 방법이다.

덧붙여 위 요약의 핵심은 비극적인 사랑에 초점을 맞추었다는 부분이다. 어떤 영화인지 모르는 사람이라면 '배가 침몰하는 재난 영화인가? 배는 별로 관심 없는데'라고 생각할지도 모른다. 그러나 이 요약본에서는 침몰 사건보다 가난한 청년과 상류층 여성의 비극적인 사랑에 초점을 맞추어 소개된 것이다. 짧은 요약이지만 영화의 특징이 잘 드러나 있다.

편리한 한마디, '뜻밖의 사실을 알게 된다'

또 한 가지 영화 줄거리의 요약 예시를 소개한다. 신카이 마코토 감독의 애니메이션 「너의 이름은」 역시 굉장한 인기를 끌었던 작품이다. 아래 내용은 종합 영화 정보 사이트(eiga.com)의 소개글을 발췌한 것이다.

천 년 만에 나타난다는 혜성 출현을 한 달 앞둔 어느 날, 깊은 산속 시골 마을에 사는 소녀 미야미즈 미츠하는 자신이 도쿄에 사는 남자 고등학생이 된 꿈을 꾼다. 작은 시골 마을이 지긋지긋해 도시를 동경하던 미츠하는 꿈속에서 도시 생활을 만끽한다. 한편 도쿄에 사는 소년 타치바나 타키도 가본 적 없는 시골 마을의 여고생이 되는 꿈을 꾼다. 이렇게 몸이 뒤바뀌는 현상이 반복되면서 서로의 존재를 알게 된 타키와 미츠하는 뜻밖의 사실을 알게 된다.

소개문의 첫 번째 줄에는 많은 정보가 들어 있다. "천 년 만에 나타난다는 혜성 출현"은 작품의 중요한 배경이다. "미야미즈 미츠하는 자신이 도쿄에 사는 남자 고등학생이 된 꿈을 꾼다", 역시 영화의 중요한 설정이자 특징이 드러나는 부분이다. 첫 번째 문장만 읽어도 작품의 분위기가 느껴지며 호기심을 유발한다. 한 문장에 작품의 중요한 설정을 꽉 채운 아주 좋은 요약이다.

도시에 사는 소년과 시골에 사는 소녀 사이에 어떤 일이 일어났을까? 위 요약에서는 "뜻밖의 사실을 알게 된다"로 처리해 자세한 언급을 피했다. 어느 영화든 '뜻밖의 사실'이 전개되는 법이니 아주 편리한 문장이라고 할 수 있다.

스포일러를 피하고 싶거나 요약하기 번거로울 때, '뜻밖의 사실을 알게 된다' 혹은 '의외의 사실을 알게 되는데……'로 마치면 여운이 남는 글을 완성할 수 있다. 다만 시험 답안을 쓸 때는 금물이다. 시험 문제는 완전한 요약을 요구하므로 흐지부지하게 끝맺지 않도록 주의해야 한다.

영화 이야기가 나온 김에 덧붙이자면 나는 화제가 된 영화는 꼭 보러 간다. 영화를 아주 좋아해서 하루에 평균 한 편씩은 보는 편인데, 그와는 별개로 취향과 상관없이 화제의 영화는 꼭 보러 간다. 지금 유행하는 영화는 어디에서든 좋은 이야깃거리가 된다.

영화를 보고 줄거리를 요약할 수 있다면 누굴 만나도 할 말이 없어서 곤란할 일이 없다. 그런데 얼마 전 학생들에게 물어보니 장안의 화제였던 애니메이션 「극장판 귀멸의 칼날 : 무한열차편」을 본 사람은 대략 20퍼센트도 채 되지 않았다.

몹시 의외였다. 이 영화는 일본 내에서만 흥행 수입 4,000억 원을 돌파했다고 한다. 여러 번 본 사람도 있겠지만, 단순히 계산해도 수백만 명의 관객을 동원한 것은 사실이다.

사실 화제가 된 영화를 보지 않으면 사람들과의 대화에 끼기 어려울 때가 많다. 대학생들은 주머니 사정 때문에 어쩔 수 없다고 해도 말이다. 만약 도무지 영화관에 갈 여유가 없다면 그때는 요약 콘텐츠를 활용하면 좋다. 요약으로 대강의 줄거리만 파악해두어도 큰 문제 없이 대화를 따라갈 수 있다.

23

요약은
젠가 게임이다

명사형 종결 어미로 깔끔하게 요약하자

기승전결 요약 방식은 드라마나 애니메이션 요약
에도 적용할 수 있다. 이번에는 애니메이션 「진격의
거인」을 예시로 동영상 스트리밍 사이트 훌루의 소
개문을 살펴보자.

거인에게 지배당한 세계. 거인의 먹잇감이 된 인류는
높이 50미터의 거대한 방벽을 쌓아 자유를 대가로 침

략에 대비한다.

벽 밖으로 나가 세상을 자유롭게 누비기 원하는 10살 소년 에렌 예거. 에렌은 평화에 안주하며 바깥으로 나가기를 포기한 사람들을 이해하지 못한다. 그들을 '가축'이라 부르는 에렌. 에렌을 '이물' 취급하는 사람들. 그러나 방벽의 높이를 뛰어넘는 초대형 거인의 등장으로 에렌의 꿈도 사람들의 평화도 갑작스레 무너지게 되는데…….

'기'는 거인에게 잡아 먹히는 인류, '승'은 방벽 안에서 사는 한 소년의 등장, '전'은 초대형 거인의 등장, 마지막 '결'은 줄임표를 사용하여 자세한 언급을 피했다. '벽'은 이 작품의 중요한 요소이므로 요약본에서 벽에 대해 자세히 설명한 점이 눈에 띈다.

"거인의 먹잇감이 된 인류"라는 표현도 주목할 만하다. '○○한 인류'에 들어갈 수식어를 생각했을 때, '거인의 먹잇감이 된'을 쓸 수 있는 작품은 「진격의 거인」뿐이다. 이는 작품의 특징을 잘 나타내는 훌륭한 수식어라 할 수 있다.

마지막으로 이 예시에서 참고할 점은 명사형 종결 어미이다. '○○한 세계', '○○한 소년' 같은 명사형 종결 어미는 요약할 때 유용한 방법이다.

내용을 요약한 제목을 붙여보자

애니메이션이나 드라마는 각 회차에 내용을 요약한 제목을 붙이기도 한다. 주부 사자에 씨와 가족들의 일상을 그린 일본의 최장수 애니메이션「사자에 씨」가 그 대표적인 예다. 방송이 끝날 때 다음 회차의 제목이 소개되는데, 제목이 곧 줄거리의 간략한 요약이다.

"나미헤이, 아버지의 날 졸업", "타라오, 아빠가 되다", "새 계절 맞이는 잘 돼가세요?" 등의 회차별 제목을 보면 줄거리를 요약해서 지었다는 점을 알 수 있다.

애니메이션이나 드라마를 보면서 나라면 어떤 제

목을 붙일 것인지 생각해보자. 제목 붙이기는 요약력을 키우는 기본 습관이다.

불필요한 부분은 최대한 덜어낸다

작품에 제목을 붙이는 습관이 생기고 익숙해졌다면 더 나아가 인상적이고 재미있는 제목을 생각해보자. 인상적인 제목에는 특징이 있다. 불필요한 말이 배제되어 본질이 잘 드러난다.

애니메이션뿐만 아니라 노래 제목에도 좋은 예시가 있다. 가수 오사와 요시유키의 곡 '그리고 나는 어찌할 바를 모르네'가 대표적인데, 본질이 잘 드러난 곡명이 인상적이다. 노랫말은 다음과 같이 시작한다.

낯선 옷을 입은

당신이 지금 나가버렸네

머리를 매만지고

탁자 위도 그대로 둔 채

서두의 "낯선 옷을 입은 당신이 지금 나가버렸네"라는 가사만 보아도 다양한 장면이 떠오른다. '낯선 옷'이라는 단어에서 두 사람 사이에 벌어진 거리감이 느껴진다. 아마도 쉽게 설명할 수 없을 만큼 많은 일이 있었으리라. 그 모든 일이 지난 후 상대방은 나갔고 화자인 나는 망연자실한 것이다.

　'그리고 나는 어찌할 바를 모르네'란 본인의 심정을 요약한 제목이지만, 무슨 일 때문에 상대방이 나가게 되었는지는 알 수 없다. 자세한 이유를 생략함으로써 한층 분위기 있고 인상 깊은 곡명이 되었다.

　제목을 지을 때는 짧게 내용을 요약해야 하므로 덜어낼 수 있는 만큼 덜어내어 무엇을 남기는가가 관건이다. 이는 마치 스위스의 미술가 알베르토 자코메티의 인물상과 비슷하다. 자코메티의 작품은 아주 가늘고 긴 것이 특징이다. 철사처럼 가느다란 인물은 인간 실존의 위태로움과 불확실성을 나타낸다. 극한까지 깎아내어 인간이란 무엇인가를 요약한 작품인 것이다.

요약이 어렵다고 느껴진다면 혹시 여태껏 무엇이든지 이것저것 꾹꾹 눌러 담으려고 하지 않았는지 생각해보자. 욕심을 내다 보면 정작 하고 싶은 말이나 핵심이 모호해진다.

이제부터는 이 말도 저 말도 하고 싶은 마음을 내려놓고 덜어내는 작업에 집중하자. 마치 쌓아 올린 나무 조각을 하나씩 빼서 쓰러지기 직전까지 덜어내는 젠가 게임을 하는 것과 비슷하다. 이야기가 통하는 한계까지 덜어내보는 작업도 좋은 요약력 훈련이 된다. 요약할 때는 머릿속에 젠가 게임을 떠올려보자.

24

소설 요약, 줄거리 말고 핵심을 남겨라

각 출판사가 만든 책 소개를 비교해보자

드라마, 영화, 애니메이션에 비해 소설을 요약하는 일은 훨씬 더 어렵다. 내용 전개가 복잡한 작품도 많고 독자마다 해석도 다르기 때문이다. 긴 책의 내용을 간략하게 소개해야 하므로 상당한 요약력이 요구된다. 또한 요약은 누가 쓰든 간에 상관없이 대체로 비슷한데 소설 요약만큼은 시점에 따라 완전히 달라지기도 한다.

소설 요약본은 출판사 사이트의 도서 목록을 참고하면 좋다. 목록을 찾아보면 각 출판사가 펴낸 서적의 책 소개가 실려 있다. 또 인터넷 서점 사이트를 방문하면 출판사 서평도 확인할 수 있다. 특히 출판사 서평은 편집자가 심혈을 기울인 요약이다. 예컨대 고전 작품은 같은 작품을 여러 출판사에서 펴내고 있으므로 요약을 비교해 보는 재미도 있다. 읽어보면서 나라면 어떻게 요약할지 생각해보는 것도 좋은 훈련 중 하나이다.

나쓰메 소세키의 소설 『마음』을 예시로, 일본의 대표적인 출판사에서 간행한 문고판 요약을 비교해 보자.

신초 문고

우정과 사랑 중 하나를 택해야 한다면……? 가마쿠라 해안에서 대학생인 '나'는 한 남자를 만난다. 신비한 매력을 가진 그는 마음의 문을 굳게 닫은 채 '선생님'

이라 부르며 따르는 나를 의미심장한 말로 매료한다. 그러던 어느 날 나에게 두꺼운 편지가 도착했을 때 선생님은 이미 이 세상 사람이 아니었다. 남겨진 편지에서 밝혀지는 선생님의 비극, 그것은 친구와 동시에 한 여자를 사랑한 데서 비롯되었다.

가도카와 문고
유서에는 '선생님'의 과거가 적혀 있었다. 훗날 아내가 되는 하숙집 아가씨를 둘러싼 친구 K에 얽힌 비밀이었다. 죽음에 이르게 되는 과정, 에고이즘, 시대의 윤리를 다룬 후기 3부작의 마지막 악장이자 나쓰메 소세키 문학의 절정을 이룬 작품.

고단샤 문고
절친한 친구를 죽음으로 내몰았다는 죄책감에 시달리며 닫힌 마음으로 자멸의 나날을 보내던 '선생님'의 마음의 행방은? 『춘분 지나고까지』, 『행인』에 이은 후기

3부작의 마지막 작품. 근대 지식인의 에고이즘과 윤리관의 갈등을 중후한 필치로 파헤친 명작 심리 소설.

슈에이샤 문고
연인을 얻기 위해 친구를 배신하고 자살로 내몰았다. 과거의 죄책감에 괴로워하며 자신 또한 죽음을 선택한 '선생님'……. 사랑과 위선, 진실의 의미를 추구한 걸작.

분슌 문고
'선생님'이 남긴 유서에는 그의 과거가 적혀 있었다. 사랑을 위해 친구를 배신하고 자살로 내몰았다는 죄책감 때문에 자신도 죽음을 선택한 남자의 생애. 고독한 근대인의 고뇌를 넘어 새로운 시대를 살아가기 위한 다짐을 그린 『마음』.

이와나미 문고

친구를 배신하고 죽음으로 내몬 마음의 빚을 짊어진 채, 죄책감에 시달리며 목숨을 억지로 이어가듯 살아가는 '선생님'. 때마침 서거한 왕을 따라 노기 대장(19세기 말~20세기 초에 활동한 군인)이 죽는 사건이 일어나고 선생님도 죽음을 결심한다. 그러나 대체 왜…….

지쿠마 문고

'나'는 어느 여름날 해변에서 '선생님'과 처음 만난다. 선생님의 집을 드나들게 된 나는 모든 것을 체념한 듯한 선생님의 삶이 점점 궁금해지는데…… 친구를 죽음으로 내몬 죄책감 때문에 인간 불신에 빠진 근대 지식인의 마음의 그림자를 그린 걸작.

어떤가? 공통점도 많고 공동주관도 성립되어 있지만, 출판사에 따라 요약이 이렇게까지 다르다니 놀랍다. 어느 부분에 초점을 맞추느냐에 따라 요약하는 방식이 어떻게 달라지는지 보여주는 좋은 예다.

관심을 끌 만한 질문으로 시작한다

출판사 서평은 독자로 하여금 '읽고 싶다'는 생각을 불러일으켜야 하므로 관심을 끌 만한 표현이 하나쯤은 들어 있다.

앞서 소개한 신초 문고의 『마음』 요약은 서두에 "우정과 사랑 중 하나를 택해야 한다면⋯⋯?" 하고 질문을 던졌다. 소설의 주제를 질문 형식으로 제시한 것이다. 질문으로 요약을 시작하는 방법은 자주 쓰이지 않지만 소설 요약에는 잘 어울린다. 시작부터 흥미로운 질문을 던지는 방법은 소설을 요약할 때 유용하다.

다자이 오사무의 단편 소설 「달려라 메로스」를 예로 생각해보자. 「달려라 메로스」는 왕에게 처형당하게 된 주인공 메로스가 친구를 인질로 두고 여동생의 결혼식에 다녀온다는 이야기다. 의심 많은 포악한 왕, 신의와 우정을 지키기 위해 달려오는 주인공을 떠올리며 읽는 이에게 다음과 같이 질문할 수 있다.

"마구잡이로 사람을 죽이는 왕이 있다면 어떻게 하시겠습니까?"
"당신이라면 포기하지 않고 달려가겠습니까?"
"당신을 살아가게 하는 힘의 원천은 무엇입니까?"

이렇게 관심을 끌 만한 질문으로 요약을 시작하면 강한 인상을 남길 수 있다. 따라서 소설을 요약할 때는 먼저 어떤 질문을 던질 수 있을지부터 생각해보면 좋다.

만약 내가 나쓰메 소세키의 『마음』을 요약한다면 "당신은 정말 진실한 사람입니까?"라는 질문으로 시작하고 싶다. 『마음』에 등장하는 '선생님'은 주인공에게 몇 번이고 "자네는 진실한가?"라고 묻기 때문이다.

이때 말하는 '진실'이란 윤리관을 뜻한다. 소설 속

'선생님'은 윤리 의식을 중요시하던 시대의 사람이다. 그래서 나는 『마음』의 주제가 진실이라고 생각한다. 서두에 "당신은 정말 진실한 사람입니까?"라는 질문을 던짐으로써 '진실한 삶이란 무엇인가?', '당신은 진정 진실하게 살고 있는가?'라는 주제를 명확히 드러내면서 깊은 여운을 남길 수 있다.

요약은 '줄거리'가 아니다

사람들은 저마다 다른 방식으로 소설을 읽기 때문에 어떻게 해석하느냐에 따라 요약도 달라진다. 그러므로 소설 요약에서는 자신만의 해석을 전면에 드러내는 것도 재미있다.

예컨대 가도카와 문고는 소설 『마음』을 "죽음에 이르게 되는 과정, 에고이즘, 시대의 윤리를 다룬 후기 3부작의 마지막 악장"이라고 소개했다. 요약에 '죽음에 이르게 되는 과정', '에고이즘', '시대의 윤리'라는 해석의 키워드를 추가한 것이다. 이러한 요약은 '해석적 요약'이다.

그리고 뒷부분에서는 "후기 3부작의 마지막 악장"이라고 소개하여 작품이 쓰인 시기와 그것이 어떤 의미인지를 드러냈다. 소설의 줄거리가 아닌 작가의 전체 문학 세계를 조망한 것이므로 바깥에서 본 '외부 시선'의 요약이다. 참고로 나쓰메 소세키의 후기 3부작이란 『춘분 지나고까지』, 『행인』, 『마음』의 세 작품을 가리킨다.

마찬가지로 고단샤 문고 역시 "절친한 친구를 죽음으로 내몰았다는 죄책감에 시달리며 닫힌 마음으로 자멸의 나날을 보내던 '선생님'"이라는 해석을 덧붙였다.

두 출판사의 요약에서 알 수 있듯이 꼭 '요약=줄거리'일 필요는 없다. 작품의 본질을 키워드로 나타내도 좋고, 작가의 다른 작품과 어떤 관계가 있는지 객관적인 시선에서 평가해도 좋다. 또는 나름대로 주인공의 인물상을 해석해보아도 재미있을 것이다.

또 고단샤가 사용한 "에고이즘과 윤리관의 갈등"
이라는 표현은 다양한 소설 요약에서 쓰일 법하다.
혹 서평을 쓸 일이 있다면 꼭 활용해보자.

작품 해석으로 줄거리 요약하기

분량이 어마어마한 소설은 어떻게 요약하면 좋을
까? 처음부터 요약하기 시작하면 소설 한 편 분량이
나올지도 모른다. 그럴 때는 줄거리의 기승전결은
일단 제쳐 두고 이 소설이 그리고자 하는 것이 무엇
인가, 즉 '○○는 ××이다'라는 정의를 찾는 방향으로
접근하면 좋다.

11세기 초 일본 헤이안 시대의 궁녀이자 소설가
무라사키 시키부의 『겐지 이야기』를 예시로 생각해
보자. 귀공자 히카루 겐지의 파란만장한 인생과 사
랑을 그린 대서사시다. 총 54권으로 나뉘어 있으며
400명이 넘는 인물이 등장한다. 한 권 한 권이 별개
의 소설이라고 해도 좋을 만큼 밀도 있는 내용이라

어떻게 요약해야 할지 매우 까마득한 정도다.

이때 '『겐지 이야기』란 무엇인가?'라는 정의에서 시작하면 훨씬 수월하다. 보통 『겐지 이야기』의 주인공은 히카루 겐지라고 생각하겠지만, 사실 그를 둘러싼 여성들의 서사이기도 하다. 그 점에 주목한 나는 '히카루 겐지란 여성 등장인물 한 사람 한 사람을 빛내기 위한 조연이 아닐까?' 하고 생각하여 접근했다.

히카루 겐지는 '광원'이다?

자신만의 해석을 더하자

'히카루 겐지光源氏는 각각의 여성 등장인물을 비추는 광원光源', 즉 '히카루 겐지는 광원이다'라는 정의를 찾은 것이다. 이처럼 방대한 분량의 소설을 요약할 때는 꼭 자신만의 해석을 찾아 넣는 것을 추천한다. 뜻밖의 재미있는 발견을 하게 될지도 모른다.

참고로 러시아 대문호 도스토옙스키의 대작 『카라마조프가의 형제들』을 출판사에서 어떻게 요약했는지 소개한다. 각각 어떤 해석을 달았는지 주목하여 읽어보자.

신초 문고

물욕의 화신과도 같은 아버지 표도르 카라마조프의 피를 제각각 진하게 이어받은 세 형제. 방탕하고 정열적인 드미트리, 냉철한 지성인 이반, 경건한 수도자이자 이야기의 주인공 알료샤 그리고 표도르의 사생아로 소문난 스메르쟈코프. 이들이 교차하며 만들어내는 애증의 지옥도 속에 신과 인간의 관계를 풀어낸 세계 문학 굴지의 명작.

고단샤 문고

방탕하고 탐욕스러운 남자 표도르 카라마조프가 살
해되었다. 일가의 주인을 잃고 남겨진 이들이 벌이는
"한 마리의 독사가 또 다른 독사를 잡아먹는" 싸움. 신
이라는 존재, 인정과 용서의 의미란? 그리고 진짜 범
인은 누구인가?

이와나미 문고

욕심 많고 음탕한 아버지 표도르의 피를 이어받은 세
형제 ― 격정에 몸을 맡긴 채 방종한 나날을 보내는
드미트리, 철저한 무신론자이며 이성적인 이반, 신실
하고 선량한 박애주의자 알료샤. 수도원에 일족이 모
이면서 웅대하고 심오한 사상의 드라마가 시작된다.

나라면 욕망이라는 숙명을 가진 카라마조프의 혈

통, "삶의 의미보다 삶 자체를 더 사랑하라"라는 명언, 그루셴카, 퇴역한 이등 대위 부자, 조시마 장로를 비롯한 명조연, 마지막에 소년들이 외치는 "카라마조프 만세!" 등 많은 요소를 고려했을 것이다. 이때도 역시 덜어내는 작업이 핵심이다.

25

요약력을 키우는
가장 최고의 교재

요약은 사실 나열로 끝이 아니다

우리가 초·중·고등학교에서 공부한 교과서는 그 야말로 요약력의 집약체다. 교육 당국의 검정을 거친 교과서는 학년마다 배워야 할 내용이 일목요연하게 정리되어 있다.

이토록 훌륭한 '요약력의 교본'을 곁에 두고도 소중함을 깨닫지 못했으니 정말 안타까운 일이다. 어릴 때야 가치를 알아보지 못하는 것도 당연하다. 하지만 어른이 된 지금 교과서를 다시 읽어보면 요약력을 다지는 좋은 훈련이 될 것이다.

특히 추천하고 싶은 과목은 세계사다. 세계사 교과서를 읽으면 세계라는 커다란 관점에서 본 역사의 의의를 알 수 있다. 먼저 자국의 역사를 공부하는 것이 순서라고 생각하겠지만, 세계사의 큰 흐름을 이해하고 나서 자국의 역사나 지역별 문제에 접근하는 편이 올바른 순서다.

세계사는 아주 세세하게 암기할 내용이 많은 과목 같지만, 사실은 크고 대국적인 관점에서 정리한 요약이다. 예컨대 보통 '로마 제국에서 ○○년부터 ○○년 사이에 이런 일이 있었다'라고 암기하는 경우가 많은데, 교과서는 역사적 사실뿐만 아니라 현재 시점에서 바라본 로마 제국의 세계사적 의의까지 요약하고 있다.

야마가와 출판사의 『상설 세계사』는 다음과 같이 기술하고 있다.

이탈리아에서 탄생한 도시 국가 중 하나인 로마는 강대한 군사력을 배경으로 지중해 주변 전역을 통일했다. 로마 제국은 이전부터 있던 다양한 문화·문명·민족을 지중해 세계라는 하나의 묶음으로 통합·흡수하고, 도시를 중심으로 그리스 문화를 계승·발전시켰다. 로마의 평화를 바탕으로 번영한 로마 문명은 훗날 유럽 문명의 직접적인 모체가 되었으며, 로마 제국으로 급속하게 퍼진 그리스도교는 그리스 문화와 함께 유럽 사상의 기원이 되었다.

다시 말해 로마를 빼놓고 현대 유럽을 설명할 수 없다는 뜻이다. 로마 제국이 그리스 문화와 그리스도교를 잇는 다리가 되었다는 사실뿐만 아니라 역사적 의의까지 언급하고 있다. 세계사 교과서가 보여주듯 요약은 사실을 나열하는 것으로 끝이 아니다. 역사 교과서의 요약에는 역사적인 역할과 영향에 대한 해석이 곁들여 있다.

따라서 연표란 그저 사실의 열거일 뿐 요약이 아니다. 진정한 요약력이란 어떠한 사실의 의미까지 해석하는 힘이라는 것을 역사 교과서를 통해 배울 수 있다.

요약은 개념을 파악하기 위한 수단

'○○년에 어떤 사건이 일어났다'라는 기본 지식을 바탕으로 역사적 의의를 이해하는 것이 역사 공부의 묘미다. 사건이 의미하는 바가 무엇인지 아는 것이 중요하다.

예컨대 '18세기 영국에서 일어난 산업혁명에 대해 요약하시오'라는 문제가 있다면 어떻게 답하겠는가? 많은 이가 '방적 기계 개량으로 시작된 기술 혁명'이라고 답하겠지만, 야마가와 출판사의 『상설 세계사』는 보다 대국적인 관점에서 산업혁명의 개요를 해설한다.

공업 생산 양식을 공장제 기계 공업으로 전환하여 자본주의 경제를 확립한 산업혁명은 18세기 막대한 해외 시장을 확보했던 영국에서 처음 발생했다. 산업혁명은 면직물 공업을 시작으로 다른 산업 부문에 영향을 미치며 공업 중심의 사회를 이루었다. 산업혁명을 통해 세계 거대 분업 시스템의 중심국으로서 확고한 지위를 확립한 영국은 유럽뿐만 아니라 전 세계의 시장 형성을 주도하는 역할을 했다.

다시 말해 기계를 통해 공업 중심 사회를 형성한 산업혁명이 자본주의로 이어졌다는 뜻이다. '기계', '공업 중심', '18세기', '전 세계의 시장 형성' 등의 키워드가 머릿속에 정리되었다면 산업혁명의 개념이 어느 정도 이해된 셈이다.

영국은 세계의 공장으로써 원료를 수입, 생산한 후 해외 시장에 수출하는 시스템을 구축하여 막대한 돈을 벌어들인다. 그 과정에서 영국의 식민지였던

인도가 큰 타격을 입게 된다. 자국에서 수공업으로 생산한 면직물 대신 영국이 기계로 생산한 면제품을 사야 했기 때문이다.

훗날 인도의 독립 운동을 이끌던 간디는 물레 사용을 장려한다. 산업화를 일으킨 자본주의적 틀 안에 갇히는 것에 대항하기 위해서였다. 산업혁명의 영향은 식민지 강화, 식민지 독립 그리고 현대로 이어진다. 산업혁명의 의의를 제대로 설명하려면 그러한 흐름을 이해하고 있어야 한다.

역사 교과서에는 역사의 흐름과 의의가 알기 쉽게 정리되어 있다. 성인이 되고 나서 읽어 보면 교과서 속의 설명이 얼마나 친절한지 알게 된다. 그래서 교과서는 대국적인 관점에서 요약하는 방법을 익히는 교재로 안성맞춤이다. 말하자면 어른의 공부라 할 수 있는 것이다.

물론 학생 때처럼 시험을 코앞에 둔 것도 아니니 사실의 나열만을 단순 암기하는 것은 의미가 없다.

하지만 역사적 사건의 의의나 현대에 미친 영향을 고찰하는 것은 흥미롭다. 특히 성인이 되면 인과관계를 설명하고자 하는 욕구가 강해진다. 그러한 욕구와 호기심을 가지고 세계사 교과서를 읽으면 역사의 흐름이 술술 이해된다. 시험을 보는 것도 아니므로 편하게 읽어도 좋다.

기본적인 요약력을 기르는 가장 좋은 방법은 잘 다듬어진 문장을 읽는 것이다. 세계사 교과서란 단 한 권에 방대한 역사를 정리한 요약력의 정수라 할 수 있다. 출판사는 어디든 상관없으니 요약력의 좋은 예시로써 꼭 소장하기를 추천한다.

26

합격을 부르고 호감을 사는
자기소개 쓰기

불필요한 말은 쓰지 않는다

구직 활동은 물론 블로그나 SNS에서도 자기소개를 할 기회가 많다. 프로필이란 '나라는 사람의 요약'이나 다름없다. 나이가 서른이라면 30년 동안 살아온 자신의 역사를 요약하여 매력을 어필해야 한다. 그야말로 요약력이 시험대에 오르는 순간이다.

이시가미 겐스케의 『57세에 결혼 활동했더니 굉장했다』는 소개팅 앱, 결혼 상담소, 맞선 파티 등 다양한 방법으로 결혼 상대를 찾으며 겪은 경험담을 쓴 책이다. 이 책에서 저자는 타인에게 좋은 인상을 남기려면 어떻게 프로필을 써야 하는지 자세히 알려 준다. 예를 들어 문장으로 쓸 때 주의할 점은 다음과 같다.

1. 너무 길지도 짧지도 않게 스무 줄 정도로 정리한다.
2. 문장은 짧게 쓰고 여러 번 줄 바꾸기를 하여 가독성을 높인다.
3. 주제가 바뀔 때마다 한 줄씩 비우는 등의 사소한 노력이 독자가 서른 줄까지 읽게 한다.
4. 공손한 문체를 유지한다.

글을 쓸 때나 대화할 때 쓸데없는 사족을 붙이는 사람이 더러 있는데, 결국 핵심은 '불필요한 말을 쓰지 않는 것'이다. 조경사가 싹둑싹둑 가지치기하듯이 불필요한 말은 생략해야 한다.

저자가 경험한 바에 의하면 자신의 사진은 공개하지 않으면서 "사진이 없는 사람은 사절"이라거나, 자신은 50대이면서 "40대 이상 여성은 사절"이라고 프로필에 쓴 회원이 종종 있었다고 한다. 그들은 그 한마디로 많은 기회를 놓친 셈이다. 이 책에서 프로필의 예시로 소개한 문장은 다음과 같다.

진지한 만남을 원하고 있습니다.

많은 관심 부탁드립니다.

(1) 가전제품 회사에서 영업직을 맡고 있습니다. 업무 성과를 눈으로 확인할 수 있어 보람을 느끼고 있습니다.

(2) 취미는 스쿠버 다이빙입니다. 한 달에 한 번은 꼭 바다에 가고 1년에 한 번씩 남쪽 섬에 갑니다. 오키나와의 게라마 제도는 최고입니다.

(3) 만두를 정말 좋아해서 도쿄 도내에 세 곳 정도 단골 만두 가게가 있습니다. 친해지면 꼭 같이 가보

고 싶습니다.

짧지만 '진지함', '성실함', '스포츠맨', '여행을 좋아
하는 사람', '맛집을 잘 아는 사람' 등의 구체적 키워
드를 통해 인물의 특징이 잘 드러난다. 상대가 좋아
할 만한 요소를 알차게 담은 프로필이라 할 수 있다.

필요한 말을 필요한 때에 할 줄 아는 센스

취업 준비를 할 때도 프로필은 중요한 역할을 한
다. 특기란에 '회식 주최'라고 적어서 채용 시험에 합
격한 학생이 있었다. 나중에 인사 담당자에게 물어
보니 특기란이 인상 깊었다는 말을 들었다고 한다.

회식 주최가 특기라고 하면 사교성이 좋은 사람이
라 여겨진다. 일도 야무지게 잘하고 듬직할 것 같다
는 인상이 남는다. 만약 '술 잘 마시기'라고 적었다면
부정적으로 받아들여질 우려가 있다. '회식 주최'는
아주 절묘한 단어 선택이었다.

164

한편 교원 채용 시험의 특기란에 '복근'이라고 적은 학생은 고배를 마셨다. 내가 채용 담당자였다면 재미있다고 생각했겠지만, 세간에서는 아이들의 지도와 복근은 관련이 없다고 판단한 모양이다.

따라서 프로필을 쓸 때는 단어 선택이 중요하다. 미래가 좌우되는 일이므로 더욱 신중해야 한다. 특히 자기소개는 상대방에게 자신을 알리기 위해 쓰는 것이므로 상대방이 원하는 바를 파악하고 그에 맞는 단어를 골라야 한다. 글솜씨에 자신이 없다면 친구나 부모님 등 제삼자의 의견도 들어보면 좋다.

27

지금 당장 살 수밖에 없게 만드는 상품 소개글

무조건 사고 싶게 만들어라

상품 소개글에는 팔고자 하는 상품의 특성을 정확히 나타내야 하는 것은 물론이고, 소비자로 하여금 사고 싶게 만들어야 한다. 그런 상품 소개에서는 작성자의 요약력이 여실히 드러난다.

이때 글은 담백한 소개만이 정답은 아니다. 상품 소개를 읽는 사람은 고객이므로 '먹고 싶다', '보고 싶다', '매력적이다'라는 마음을 불러일으켜야 하는 것이다.

일본 북동부 지방의 센다이시에는 하기노쓰키萩の月(싸리의 달)라는 명물 과자가 있다. 공식 홈페이지에서는 상품을 다음과 같이 소개하고 있다.

누구에게나 선물하기 좋은 센다이 명과 하기노쓰키.
상온 보존 가능합니다.
싸리꽃이 흐드러지게 핀 미야기노 들판의 하늘에 둥실 떠오른 달을 본뜬 하기노쓰키.
폭신폭신한 카스텔라에 부드러운 풍미의 오리지널 커스터드 크림을 듬뿍 넣었습니다.

먼저 이름의 유래를 소개하고 있다. '하기노쓰키'란 싸리꽃萩(하기)이 흐드러지게 핀 들판 위에 뜬 달月(쓰키)을 본뜬 과자다. 유래를 통해 상품의 이미지를 전달한 다음 '부드러운', '커스터드 크림', '카스텔라' 등으로 구체적인 맛을 표현했다.

이를 보면 이미지와 맛의 설명이 잘 어우러져 먹고 싶다는 생각이 든다. 이처럼 상품 소개에는 욕구를 자극하는 표현이 적재적소에 들어가야 한다. 이번에는 과일 체리 상품 소개글을 살펴보자.

갓 수확한 야마가타현 체리를 수확 시기에 맞추어 품종별로 산지 직송합니다. 고정적인 인기를 자랑하는 '좌등금', 알이 크고 식감이 좋은 '홍수봉', 과육이 부드러워 여성에게 인기가 좋은 노란색 체리 '월산금'을 비롯해 총 아홉 가지의 다양한 품종을 한데 모았습니다.

선물용으로도 가정용으로도 추천합니다. 원하시는 상품을 골라보세요.

위 상품 소개에서는 세 가지 품종의 특징을 "고정적인 인기를 자랑하는 '좌등금'", "알이 크고 식감이 좋은 '홍수봉'", "과육이 부드러워 여성에게 인기가 좋은 노란색 체리 '월산금'"이라고 소개하고 있다.

어떤 대상을 소개할 때 '○○한 ××'라는 표현은 다양하게 응용할 수 있어 아주 편리하다.

의문이 남지 않도록 설명한다

상품 소개를 읽다 보면 소비자는 항상 몇 가지 의문을 가지기 마련이다. 소리가 너무 크지 않은지, 효과가 어느 정도 유지되는지, 고장이 잘 나지 않는지 등이 궁금해지는 것이다.

이러한 의문이 남지 않도록 상품을 소개하는 방식이 있다. 여름에 신는 슬리퍼의 소개글을 참고로 보자.

발바닥이 쾌적한 재질로 오랜 시간 걸어도 편안하게. 세탁 가능한 타월 원단 슬리퍼로 여름을 맞이하세요! '질 좋은 편안함'을 추구하는 고품질 제품으로 정평이 난 브랜드 우치노. 타월 원단을 사용한 이 샌들 슬리퍼는 걷기 편하도록 발바닥 형상에 맞추어 제작했습니다. 부드러운 밑창을 사용하여 슬리퍼가 발과 함께 구부려져 신발 소리가 작은 것도 특징입니다. 발가락을 해방해주어 장시간 신어도 피곤하지 않습니다. 타월 부분은 항균 방취 가공을 하여 산뜻하고 청결합니다. 세탁 가능한 슬리퍼로 늘 깨끗하게 유지할 수 있습니다.

샌들 슬리퍼와 함께 여름 준비를 시작하세요!

이 상품 소개는 샌들 슬리퍼의 특징을 군더더기 없이 구체적으로 설명하고 있다. 신고 걸을 때 큰 소리가 나지 않는지, 더러워지면 빨 수 있는지, 걷기 편한지 등의 궁금증을 미리 해소해주고 있다.

소비자의 의문을 해결하는 동시에 상품의 특징을 소개한 뒤 "여름 준비를 시작하세요!"라고 마친 점도 좋다. 나도 여름이 다가올 무렵에 이 상품 소개를 읽어보니 샌들을 사고 싶어졌다.

이제 내가 가지고 있는 제품의 매력과 특징을 요

약하는 소개문을 써보자. 소개문을 읽은 상대방이
그 제품을 사고 싶어졌다면 대성공이다.

28

자꾸 가고 싶고 생각 나는
가게의 비밀

주관성과 객관성의 균형이 중요하다

어떤 가게를 방문할 때 SNS나 인터넷 후기를 참고하는 사람이 많다. 후기에는 손님이 해당 가게를 이용한 감상이 쓰여 있다. 또 후기를 읽은 본인도 쓸 기회가 있을 것이다. 나도 가게 후기를 요청받을 때가 종종 있는데 마음에 드는 곳은 꼭 써야겠다는 생각을 한다.

가게를 소개하는 글에는 당연히 개인의 주관이 들

어간다. 예컨대 마사지 전문점의 후기를 쓸 때는 시술에 대한 감상이 꼭 필요하다. "마사지 기술은 뛰어나지만, 힘이 조금 약하다"라는 식이다. 이때 '힘이 조금 약하다'라는 감상은 개인의 주관이다. 후기 작성자가 고통을 잘 참는 사람인지 아닌지에 따라 달라진다.

본래 요약에는 주관이 들어가선 안 되지만, 가게 후기에서 실제 이용한 사람의 감상은 꼭 필요한 정보다. 그렇다고 해서 주관적인 감상밖에 없으면 오히려 판단하기 어려워진다.

그러므로 가게를 소개할 때는 첫째, 객관적인 요약 그리고 두 번째, 주관적인 감상의 균형이 중요하다. "벽과 바닥이 흑백으로 통일되어 차분한 분위기였다"라거나 "식사 후에 유자차나 나왔다"라는 후기는 객관적인 요약이다. 이는 곧 '사실'을 말한다. 정보 제공에는 사실의 나열이 필수다.

가게 소개는 객관적인 사실과 주관적인 감상의 균

형이 중요하다는 사실을 기억하면서 아래 카레 전문점 소개를 읽어보자.

● 카레 본디 진보초 본점

진보초 역 바로 앞, 원조 유럽풍 카레 전문점

— 간다 카레 그랑프리 그랑프리 수상 —

잊을 수 없는 맛으로 유명한 '카레 본디'. 비장의 스파이스 블렌딩이 자아내는 절묘한 풍미. 풍부한 유제품과 갖가지 채소와 과일을 갈아 넣어 끌어낸 부드러운 감칠맛. 오묘한 달콤함 속에 은은한 매콤함이 감춰진 최상의 맛. 소스의 본고장 프랑스 제조 정통 수제 소스가 만드는 세련된 맛의 하모니. 본디의 카레는 손님께 만족을 드리겠다는 일념으로 요리장이 진심을 담아 조리합니다.

먼저 '간다 카레 그랑프리'에서 그랑프리를 수상

했다는 정보가 눈에 띈다. 그랑프리를 수상했다는 객관적인 정보는 설득력이 있다. '비장의 스파이스 블렌딩', '갖가지 채소와 과일', '프랑스 제조 정통 수제 소스' 등은 이 가게만의 특징이 나열된 훌륭한 요약이다.

또 '부드러운 감칠맛', '오묘한 달콤함 속에 은은한 매콤함이 감춰진'이라는 주관적인 감상에 더해진 수식어 '잊을 수 없는 맛으로 유명한'이 가보고 싶게 만드는 데 한몫한다.

이처럼 가게를 소개할 때는 객관적인 사실과 함께 맛이나 분위기 등의 주관적인 감상도 넣는 것이 핵심이다.

제4장

요약이라는 성공의 '단축키'를 써라

객관적 속성과 주관적 관념
사이의 적정 비율

요약에는 객관적인 요약과 주관이 들어간 요약, 두 가지가 있다. 내용을 정확히 파악한 객관적인 요약은 필수 요소이고, 여기에 글쓴이의 개성이 드러나면 훨씬 매력적인 요약이 된다.

객관적인 요약은 누가 써도 대체로 비슷하나, 개성이 묻어나며 주관성과 객관성이 조화를 이루면 훨씬 더 인상 깊은 요약을 완성할 수 있다. 객관적인 요약에 익숙해졌다면 한 단계 높은 수준의 '매력적인 요약'을 목표로 해보자.

구체적인 방법은 먼저 요약할 정보를 3색 볼펜으로 나누는 것이다.

- 파란색 : 객관적인 정보나 사실
- 초록색 : 주관적인 감정, 재미있다고 느낀 정보
- 빨간색 : 표제가 될 만한 중요한 정보

이 세 가지가 있으면 균형 잡힌 요약이 된다. 일본에서 선풍적인 인기를 끈 드라마 「오싱」을 예로 들어보자. 가난한 시골에서 태어나 기업을 일군 여성 오싱의 일생을 그린 작품이다.

어떤 이가 "오싱은 인내심이 강하다"라고 말했다면 어떨까. 이 감상은 객관적인 사실에 가깝다. 원작자도 주인공 오싱의 이름을 지을 때 참고 견딤을 뜻하는 '신辛', 굳센 심지를 나타내는 '심芯', 믿음을 뜻하는 '신信' 등의 의미를 담았다고 한다. '신辛', '심芯', '신

僖'을 활용하면 원작자의 의도를 살리면서도 재치있
는 요약이 된다.

집필할 때 '오싱'이라는 제목이 가장 먼저 떠올랐
다고 했을 정도이니, 주인공 오싱이 인내심 강한 인
물임은 분명한 듯하다. 또한 방영 후에는 일본 드라
마 사상 최고인 62.9퍼센트의 시청률을 기록했고, 이
란에서는 90퍼센트를 넘겼다. 이와 같은 사실을 나
열하는 것이 곧 객관적인 요약이다.

한편 "오싱은 사랑스럽다"라는 말은 어떨까. 사랑
스럽다고 느낄 수는 있지만, 그것이 오싱을 나타내
는 특징이자 객관적인 사실인지는 확신하기 어렵다.
또 "오싱은 나의 이상형이다"는 완전히 그 사람의 주
관적인 생각이다.

정보를 요약할 때는 먼저 객관적인 사실, 판단하
기 모호한 주제, 주관적인 생각을 나누는 것이 중요
하다. 그런 다음 파란색으로 표시한 객관적인 사실
을 중심으로 간을 치듯이 초록색으로 표시한 주관적

인 감상을 섞는다. 드라마 「오싱」을 전반적으로 보여
주는 요약본은 다음과 같다.

격동의 시대 1907년부터 1980년대까지를 배경으로
동북 지방 야마가타현의 가난한 농가에서 태어난 소
녀 오싱이 여성의 일생, 가족의 의미를 찾아가며 필사
적으로 살아온 삶을 그린 드라마. 인내심 강한 오싱의
모습이 많은 이들에게 감동을 주었으며 세계적으로
높은 시청률을 기록했다.

30

꼭 필요한 것만
남기는 4단계 요약법

수준 높은 요약에는 사실의 객관성도 요구된다. 불필요하거나 모호한 점을 생략하고 '분명한 사실'을 먼저 나열해야 한다. 사실의 정확성이 중요하다는 뜻이다.

사실 여부를 엄밀하게 검증하려면 데카르트의 『방법서설』에 소개된 '네 가지 규칙'을 응용하면 좋다.

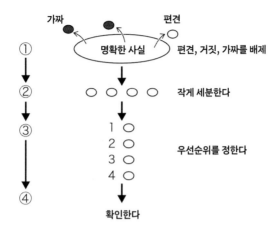

데카르트의 네 가지 규칙

① 명확하게 참이라고 인정할 수 있는 사실을 찾기 위해 편견을 버리고 거짓과 가짜를 배제한다.

② 막연한 대상은 판단하기 어려우므로 작게 세분하여 검토한다.

③ 중요도의 우선순위를 정한다.

④ 빠트린 것이 없는지 확인한다.

'분명한 사실'에 해당하는 정보는 ①~④의 방법으로 검증하면 정확도가 높아진다. 이 방법을 드라마 「오싱」에 대입해보자. "오싱은 인내심이 강하다"가 객관적인 사실인지를 검증하려면 단계 ①에서 '오싱이 인내심이 강한 것은 객관적인 사실일까? 나 혼자 그렇게 생각하는 게 아닐까?' 의심해보고 확신이 없다면 배제한다.

이 경우 실제로 '오싱은 인내심이 강하다'라고 느낀 시청자가 많고, 드라마에서도 그러한 에피소드가 여러 번 등장하므로 객관적인 사실이라고 추측할 수 있다.

다음으로 단계 ②에서는 '오싱'이라는 이름의 유래, 원작자의 의도 등으로 세분하여 검토한다. 이름의 유래가 '참고 견딤辛, 굳센 심지芯, 믿음信'에서 비롯되었다는 점, 원작자 하시다 스가코가 '오싱'이라는 이름을 염두에 두고 강인한 여성의 삶을 그리려 했다는 사실 등을 종합하면 주인공의 이름에서도 강한 인내심을 뒷받침하는 근거를 찾을 수 있다. 주인공의 인내심에 대한 가설은 이름에서도 증명된 셈이다.

단계 ③에서는 중요도를 검토한다. 드라마 「오싱」 의 주제는 역경에 굴하지 않고 씩씩하게 살아가는 한 여성의 일생이다. 그러므로 "오싱은 인내심이 강하다"는 우선하여 검토할 내용이다.

그리고 마지막 단계 ④에서 "오싱은 인내심이 강하다"가 객관적인 사실인가를 다시 살펴보고 그렇다는 확신이 들었다면, 객관적인 사실로써 요약에 채택한다.

요약할 때 객관적인 사실인지 아닌지 판단하기 어려울 때는 꼭 데카르트의 네 가지 규칙을 활용해보기 바란다.

31

그래도 '깨알 재미'는
살려야 한다

앞의 4단계의 과정을 거쳐 객관적인 사실을 도출했다면 이제 개성이 드러나도록 주관적인 요소를 첨가한다. 객관적인 사실은 골격에 해당하므로 살을 붙이지 않으면 자칫 무미건조한 요약이 되기 쉽다.

먼저 나쓰메 소세키의 소설 『도련님』의 골격을 읽어보자.

부모의 무모한 기질을 물려받은 도쿄 청년이 남쪽 시

코쿠 지방의 중학교에 수학교사로 부임한다. 그에게는 어릴 적 하녀가 붙여준 '도련님'이라는 별명이 있다. 대쪽 같은 성격의 도련님은 사사건건 사람들과 부딪치고 부조리와 싸우다 결국 도쿄로 돌아온다.

여기까지가 객관적인 사실만 나열한 『도련님』의 요약이다. 여기에 최상의 살을 붙여보자. 특히 재미있고 흥미로운 부분을 선별하는 것이다.

예컨대 주인공이 메밀국수 가게에 가서 국수 네 그릇을 먹은 다음 날, 짓궂은 학생들이 "튀김 메밀국수 네 그릇"이라고 칠판에 적어 놓은 사건처럼 소문이 빠른 시골 마을에 관한 일화도 재미있다.

또는 교장은 '너구리', 교감은 '빨간 셔츠', 영어 선생은 '끝물 호박', 죽이 맞는 수학 선생은 '거센 바람' 등 주인공이 붙인 재미있는 별명을 언급해도 좋다. 이처럼 굵직한 줄거리뿐만 아니라 매력적이고 흥미로운 부분을 골격에 붙여가는 것이다.

아무리 엄선한 재료를 준비한다 해도 맛있는 소스를 부어야 요리의 완성도가 높아진다. 『도련님』을 요약할 때도 '너구리', '빨간 셔츠'처럼 엄선한 살이 더해지면 한층 흥미로워진다. 골격에 살을 붙일 때는 "예컨대……", "특히 재미있는 부분은……" 하고 설명을 덧붙이면 좋다.

어릴 적부터 막무가내였던 도쿄 청년 '도련님'은 남쪽 시코쿠 지방의 중학교에 수학교사로 부임한다. 대쪽 같은 성격의 도련님은 학생들의 짓궂은 장난의 대상이 되곤 한다. 교사들에게 '너구리', '끝물 호박' 따위의 별명을 붙인 도련님은, 끝물 호박의 약혼녀 마돈나를 빼앗는 등 비겁한 짓을 일삼는 교감 빨간 셔츠가 마음

에 들지 않는다. 동료 거센 바람과 함께 빨간 셔츠를
혼내주고 학교를 떠난 도련님은 귀향하여 어릴 적부
터 자신을 돌보아 준 하녀 기요와 함께 살게 된다.

아무거나 갖다 붙이는 것이 아니라 어떻게 최상의
살을 엄선하느냐에 요약력의 차이가 드러난다.

32

심심한 글을 뒤바꿔줄
킬링 포인트

정확한 요약력만 있어도 삶을 헤쳐나갈 수 있지만, 거기에 한 끗 포인트를 더해줄 수 있는 코멘트까지 쓸 수 있다면 더할 나위 없다고 할 수 있다. 요약력에 센스 있는 코멘트를 함께 갖추게 되면 언제 어느 때, 무엇을 하더라도 막힘없이 대처할 수 있는 데 필요한 소통의 기술을 얻는 것과 같다. 정확한 요약력과 참신한 발상의 코멘트는 상대방이 '유익한 대화였다'라고 느끼게 한다.

잘 알려진 세르반테스의 소설 『돈키호테』를 예시로 생각해보자.

돈키호테는 기사도 소설에 심취한 나머지 자신이 기사라는 망상에 빠진 하층 귀족 남성의 이야기다. 돈키호테는 농민 산초 판사를 거느리고 모험을 떠난다.

여기까지가 『돈키호테』의 요약이다. 여기에 이야기를 더 흥미롭게 해줄 코멘트를 붙여보자.

이 이야기는 망상이 주제다. 현실과 망상이 뒤섞여 주인공은 풍차를 거인으로 착각하거나 평범한 마을 소녀를 공주라 여기기도 한다. 이와 같은 장면에서 현실이 여러 겹으로 이루어져 있다는 것을 알 수 있다. 현실은 오로지 하나가 아니라 다층적으로 존재한다는 개념을 '다원적 현실multiple realities'이라고 한다. 이 개념이 단적으로 드러난 작품이 『돈키호테』다.

이런 식으로 코멘트를 붙이면 지적인 느낌을 줄
수 있다. 참고로 '다원적 현실'은 현상학적 사회학의
창시자 알프레드 슈츠가 만든 개념이다.

33

솔직한 생각만큼
좋은 재료는 없다

적절한 코멘트를 쓰기 어려울 때는 자신의 솔직한 감상을 덧붙여도 좋다. 감상은 별것 아닌 것처럼 느껴질 수도 있지만, 다른 이들에게 의외로 신선하고 새롭다는 인상을 줄 수 있다.

먼저 도스토옙스키의 장편 소설 『죄와 벌』의 요약을 읽어보자.

『죄와 벌』은 가난한 청년 라스콜니코프가 자신의 신

넘에 따라 악덕한 전당포 노파를 살해하면서 벌어지는 이야기다. 라스콜니코프는 우연히 마주친 노파의 여동생도 죽이게 되고 죄책감에 사로잡힌다. 청년은 아름다운 영혼을 가진 매춘부 소냐를 통해 자신의 죄와 마주하고 구원의 문턱에 이른다.

이것이 『죄와 벌』의 간략한 요약이다. 여기에 자기 나름대로 느낀 점을 덧붙이면 된다. 예컨대 소냐가 주인공에게 땅에 입을 맞추고 죄를 고백하라고 설득하는 장면이 인상 깊었다는 감상은 요약이 아니다. 그러나 특히 감동적이라고 느낀 장면이므로 '감상'이라는 코멘트가 된다. 개인적인 감상이 더해지면 듣는 쪽에게도 인상 깊은 요약이 된다.

이번에는 애니메이션 「극장판 귀멸의 칼날 : 무한열차편」으로 적절한 코멘트가 더해진 요약을 생각해보자.

요약에 감상을 더하면 개성이 생긴다

주인공 카마도 탄지로는 혈귀의 습격으로 가족을 모두 잃는다. 탄지로는 혈귀로 변한 여동생을 인간으로 되돌리기 위해 혈귀와 싸우는 귀살대에 들어간다. 「극장판 귀멸의 칼날 : 무한열차편」은 열차 안에서 벌어지는 탄지로와 귀살대원들 그리고 귀살대의 리더 중 한 사람인 렌고쿠 쿄쥬로의 싸움을 그린다. 혈귀는 무한열차의 승객들을 모두 잠재우고, 렌고쿠 쿄쥬로는 모두를 구하기 위해 목숨을 건 혈전을 시작한다.

여기까지가 요약이다. 여기에 감상을 덧붙이면 된다.

「극장판 귀멸의 칼날 : 무한열차편」의 주제는 '렌고쿠 쿄쥬로의 의지'다. "약한 사람을 돕는 일은 강하게 태어난 사람의 책무"라고 했던 그의 어머니의 말에 절로 눈시울이 붉어진다.

이런 식으로 감동 포인트를 공유하면 읽는 이에게 공감을 불러일으킬 수 있다. 앞으로는 요약뿐만 아니라 적절한 코멘트를 덧붙일 수 있는 능력이 더 요구될 것이다. 유튜브에서 애니메이션 「주술회전」의 주제곡을 찾아보면 영어 댓글이 절반 이상이다. 세계 각국에서 영어로 댓글을 주고받는다.

중국어, 프랑스어, 스페인어로 쓰인 댓글도 있지만, 번역 기능이 있으므로 다양한 언어에 대응할 수 있다. 전 세계가 댓글, 즉 코멘트로 이어져 있다고 해도 과언이 아니다.

예전에 영어를 전공하는 학생들에게 SNS로 영어 코멘트 쓰기 과제를 낸 적이 있다. 학생이 코멘트를 올리자 수업이 채 끝나기도 전에 영어로 답변이 왔다. 그것을 보고 전 세계가 이어져 있다는 사실을 실감했다.

이렇듯 짧은 코멘트도 국제 사회에서 필요한 무기가 될 수 있다. 자칫 무미건조하다고 느낄 수 있는 요약에 "이 장면에서 마음이 뭉클했다", "이 말에 눈물이 났다"라는 코멘트가 더해진다면 소통이 더욱 풍부해지지 않을까.

그렇다고 해서 가장 중요한 요약을 빠트리면 아무런 의미가 없다. 개인의 감상이 빛을 발하려면 정확한 요약이 바탕이 되어야 한다는 점을 잊지 말자.

34

『너의 췌장을 먹고 싶어』 제목은 어떻게 탄생했을까

주의를 끄는 글귀나 표어를 캐치프레이즈catchphrase 라고 한다. 조금 긴 경우 '리드lead문'이라고도 하는데, 서두에 리드문을 배치하면 전체적으로 정돈된 느낌 을 주어 요약의 완성도가 높아진다.

다자이 오사무의 장편 소설『인간 실격』은 여러 출 판사에서 소개되었다. 그중 신초 문고의 소개문은 다음과 같은 리드문으로 시작된다.

세상은 '주인공은 바로 나다'라고 생각하는 사람과 그 렇지 않은 사람으로 나누어진다.

서두에 갑작스레 등장한 이 문장은 독자의 주의를 끈다. "『인간 실격』은 다자이 오사무의 고뇌를 그린 자전적 소설이다"라는 평범한 요약보다 훨씬 강렬한 인상을 줄 수 있다.

흔히 '요약'이라고 하면 정해진 글자 수 안에 전체 내용을 골고루 담아야 한다고 생각하기 쉬운데, 첫 문장부터 개성 넘치는 글을 써보는 것도 의미 있다.

리드문이나 캐치프레이즈는 제목을 붙이는 것과 비슷하다. 하지만 제목이 반드시 내용을 반영해야 한 다는 법은 없다. 블레이크 에드워즈 감독의 영화 「티 파니에서 아침을」은 티파니에서 아침을 먹는 영화 가 아니다. 티파니는 보석 가게이므로 애초에 식사를 할 수도 없다. 마르케스의 장편 소설 『백년의 고독』도 100년 동안 산 사람의 이야기가 아니고, 스미노 요루의 소설 『너의 췌장을 먹고 싶어』 역시 실제로 인간의 췌장을 먹는 내용이 아니다. 이처럼 제목은 작품의 내용을 상징하거나 암시하는 경우가 많다.

리드문이나 캐치프레이즈는 내용을 간단하게 요약한 것으로 반영하면서도 읽는 이를 '끌어들이는' 문장이어야 한다. 누구나 저절로 흥얼거리게 될 만큼 리듬감 있는 문구를 고민해보자. 소설의 광고 문구를 만들거나 글의 서두에 리드문을 써보는 훈련은 요약력을 한 단계 높은 수준으로 올려준다.

하지만 강렬한 리드문은 처음부터 쉽게 쓸 수 없다. 그럴 때는 본문의 인상 깊은 구절을 인용하는 방법도 있다. 이와나미 문고는 『인간 실격』 본문에서 인용한 문장으로 책 소개를 시작하고 있다.

"부끄럼 많은 생애를 보냈습니다. 나는 인간의 삶을 도무지 이해할 수 없습니다."
도무지 이해하기 힘든 세상사에 끊임없이 당황하고

두려워하다 살아갈 힘마저 상실한 주인공이 고백하는 생애. 다자이 오사무 혼신의 장편 소설.

『인간 실격』에 등장하는 첫머리의 유명한 문장을 인용한 요약이다. 『인간 실격』을 읽어본 사람이라면 아는 문장의 등장에 관심을 가질 것이고, 잘 모르는 사람이라도 소설 속 문장으로써 기억에 남는다.

다시 신초 문고의 책 소개로 돌아가보자. 앞서 "세상은 '주인공은 바로 나다'라고 생각하는 사람과 그렇지 않은 사람으로 나누어진다"라는 리드문으로 소개문을 시작한 신초 문고는 "부끄럼 많은 생애를 보냈습니다"를 인용하여 본문을 시작한다. 내용은 다음과 같다.

"부끄럼 많은 생애를 보냈습니다"라는 뜬금없는 고백과 함께 남자의 수기는 시작한다. 남자는 자신을 속이고 타인을 기만하며 돌이킬 수 없는 잘못을 저지른 자신에게 '실격' 판정을 내린다. 그러나 훗날 그를 떠올리며 한 여성이 말한다. "참 순수하고 눈치 빠르고 …… 마치 하느님처럼 착한 사람이었어요"라고. 인간이 인간으로서, 인간과 더불어 사는 것의 의미를 묻는 다자이 오사무 혼신의 문제작.

인용으로 시작하여 인용으로 마친 아주 재미있는 요약이다. 서두의 인용문과 마지막 인용문이 서로 대비를 이루고 있다는 점도 주목할 만하다. 인용문을 효과적으로 배치해 세련되게 요약한 좋은 예다.

35

어려운 책
빠르고 쉽게 읽는 법

독일의 철학자 니체의 대표작 『차라투스트라는 이렇게 말했다』는 난해한 철학서다. 게다가 두꺼워서 끝까지 읽기조차 어렵다.

그러나 주코 문고 프리미엄의 『차라투스트라는 이렇게 말했다』는 각 장 첫머리에 역자인 데즈카 도미오의 짧은 요약을 실어 이해를 돕는다. 이처럼 난해한 책은 장 혹은 절별로 요약을 추가해가며 읽으면 전체 흐름을 파악하기 쉽다. 길잡이 삼아 복잡한 내용을 요약하는 훈련도 요약력을 기르는 데 큰 도움이 된다.

주코 문고 프리미엄의 『차라투스트라는 이렇게 말했다』에 실린 요약을 살펴보자. 제1부 서문에는 "긴 고독 끝에 지혜를 깨달은 차라투스트라가 산에서 내려와 마치 태양처럼 사람들에게 지혜를 베풀고자 한다"라고 되어 있다. 차라투스트라가 어떤 인물인지 알 수 있는 요약이다.

차라투스트라는 "절대적인 진리이자 가치인 신은 죽었다", 즉 신은 없다고 설파한다. 만약 그 말이 사실이라면 삶의 의미나 목표도 사라지고 인간은 그저 무의미한 삶과 죽음을 되풀이할 뿐이다. 이것이 '영원회귀'라는 개념이다. 그러나 그것이야말로 '삶'이며 삶을 긍정하고 운명을 사랑하는 존재가 '초인超人'이다. 초인의 탄생을 예언하며 책은 마무리된다.

책의 핵심 요약 중 일부를 순서대로 소개하자면 다음과 같다.

● 제1부 중 "세 가지 변화"의 요약 :

무거운 짐을 견디는 의무 정신에서 자율 정신으로, 순진무구한 절대 긍정과 창조의 정신으로 변모하는 과정에서 초인이 탄생한다.

● 제3부 중 "치유되고 있는 자"의 요약 :

보잘것없는 인간도 회귀에 고통스러워하나 결국 치유되며 노래하고자 한다. 그 노래의 시작인 영원회귀의 개념을 소개한다.

● 제4부 중 "도취한 자의 노래"의 요약 :

차원 높은 인간들도 '생이여, 다시 한번!'이라고 외친다. 한밤중의 종소리와 함께 영원회귀의 심오함을 논한다. 한 편의 시이며 사상인 본서의 최정점.

어떤가? 아무것도 없이 읽기 시작하는 것보다 요약이라는 실마리가 있으면 훨씬 의욕이 생기고 이해도도 높아진다.《네이처》처럼 논문을 게재하는 잡지에 개요를 싣는 것도 읽는 이의 편의를 고려해서다. 그러나 책을 보면 대체로 친절한 요약은커녕 커버 뒷면에 그럴싸한 짧은 문구가 쓰여 있는 정도다.

이렇게 요약이 없다면 스스로 만들어보자. 한 장씩 혹은 한 절씩 요약하다 보면 난해한 문장도 읽을 수 있다. 요약력의 수준이 향상됨은 말할 것도 없다.

36

나만의 사전을
만들자

앞서 살펴보았듯이 요약의 최종 목표는 정의를 내리는 것이다. 어떤 대상을 '○○는 ××이다'라고 정의할 수 있다면 이미 요약력이 수준급인 셈이다. 정의란 본질 그 자체다. 요약하는 이유는 본질을 간결하게 나타내기 위함이다.

만약 자신의 요약력을 더 높은 수준으로 끌어올리고 싶다면, 제1장에서도 설명했듯이 모든 사물을 나름대로 정의하는 습관을 들이면 좋다. 즉 나만의 사전을 하나 만들고, 채워간다고 생각하는 것이다. 보편적인 정의를 찾기란 쉽지 않으므로 본인만의 명언을 만드는 셈 치고 가볍게 시작해보자.

일본 공영 방송 NHK의 프로그램 「프로페셔널 일의 방식」에서는 계속해서 여러 사람의 명언이 태어나고 있다. 이 방송은 한 분야의 프로를 쫓는 다큐멘터리로 마지막에 출연자는 "프로페셔널이란?"이라는 질문에 나름의 생각을 답한다.

"고도의 지식과 기술을 가지고 일하는 사람이 아니라 숙련된 일을 열정적으로 계속하는 사람."

– 구로야나기 테츠코(배우)

"재미없는 일을 재미있는 일로 만드는 사람."

– 하기모토 긴이치(코미디언)

"무슨 일이든 일단 시작했으면 늘 일에 대해 생각하

는 것. 밥 먹을 때나 놀고 있을 때나 '이거 업무에 활용해볼까?', '좋은 힌트가 될지도 몰라' 하고 항상 일과 연결지어 생각할 수 있는 사람."

– 혼다 히데오(정신건강의학과 전문의)

"고인을 보내드리는 일에 정답이나 완벽은 없다고 생각한다. 그러므로 성심을 다하자, 더 잘해보자는 마음가짐을 잃지 않는 것."

– 기무라 고키(장의사)

"정직하게 음악과 마주하기. 자신이 못나게 느껴졌던 일, 부끄러웠던 일, 인정하기 싫었던 일을 외면하지 않고 자신과 마주 보는 것. 자신의 성역을 지키는 것."

– 우타다 히카루(가수)

"'프로페셔널=게이스케 혼다'로 바꾸면 된다. 지금 헛소리라고 생각한 사람이 수긍할 수 있을 만한 삶을 보여주겠다는 포부를 담아 이렇게 답하겠다."

– 혼다 게이스케(축구 선수)

"그 사람이 그 순간 가지고 있는 능력을 100퍼센트로
발휘하는 것."

– 하부 요시하루(장기 기사)

"자신이 아무것도 모른다는 사실을 아는 것."

– 야마나카 신야(의학자)

"자부심을 품고 일하는 자세. 무슨 일을 하든 잘하든
못하든 상관없이 제 일이라 여기며 자부심과 자신감
을 가지고 일하는 사람은 존경스럽고 본받고 싶다."

– 가와카미 노부오(사업가)

조금 당황스러운 질문이지만, 각 분야의 프로가
나름대로 개성 넘치는 정의나 명언을 남긴다. 나만

의 명언을 만들기 위한 좋은 참고가 된다.

WBC 세계 타이틀에서 3체급을 제패한 프로 복서 하세가와 호즈미는 "복싱이란 하는 데 이유가 필요한 스포츠다"라고 말했다. 아주 예리한 한마디다. 예컨대 테니스는 하는 데 딱히 이유가 필요 없는 스포츠다. 하고 싶을 때 하면 그만이다. 반면에 복싱은 아픈 데다 감량도 쉽지 않다. 해야 할 이유가 없다면 견디기 어려운 일투성이다. 그야말로 프로 복서가 아니면 할 수 없는 말이다.

37

누군가의 명언 하나쯤은
가슴에 품고 살자

일본 프로 야구의 전설로 불리는 노무라 가쓰야는 "야구란 확률의 스포츠다"라는 말을 남겼다. 야구뿐만 아니라 구기 종목은 확률로 나타낼 수 있는 요소가 많은데, 특히 야구는 숫자와 관련이 깊은 스포츠다.

노무라 가쓰야는 감독 시절 본인만의 새로운 방식을 도입해 구단을 몇 번이나 우승으로 이끌었다. 그는 데이터를 꼼꼼히 분석하고 스트라이크 존을 아홉 개로 나누어 명확한 지시를 내린 것으로 유명하다.

"야구란 확률의 스포츠다"는 노무라 가쓰야의 인생이 담긴 정의다. 그의 정의는 야구팬들이 야구를 바라보는 관점을 한층 깊이 있게 만들었다.

또 다른 일본 프로 야구계의 전설적인 인물 오 사다하루 역시 인상 깊은 명언을 남겼다.

"인생이란 원이다. 아침이 오면 오후가 되고 밤이 오면 또다시 아침이 온다. 계절에 비유하면 겨울이 끝나고 봄, 여름, 가을이 찾아오는 것과 같다. 이 순환은 멈출 수 없다."

이 말을 듣고 인생이란 1년 단위가 아닌 봄, 여름, 가을, 겨울의 반복이 아닐까 하고 생각했다. 나는 대학교 교수이므로 졸업식을 마치면 금세 입학식이 다가오고 새로운 학생들을 맞이한다. 입학식과 함께 시작하여 졸업식으로 끝나는 순환을 되풀이하면서 흘러가는 인생을 새삼 실감하게 되었다.

한편 노구치 체조의 창시자 노구치 미치조가 내린 정의는 우리의 신체 감각을 바꾸어 보게 만든다. 그는 저서 『원초 생명체로서의 인간』에서 체조를 다음과 같이 정의했다.

"내 몸 안에 있는 대자연으로부터 받은 자연의 힘과 내 몸 안에 있는 대자연으로부터 받은 자연의 재료로 '나'라는 자연 속에 자연으로서의 새로운 자신을 창조하는 것이 체조다."

노구치 미치조는 체조가 단순히 몸을 움직이는 행위가 아니라 "자연으로서의 새로운 자신을 창조하는 것"이라고 정의했다. 보통 생각하는 체조의 개념과는 전혀 다르다.

그는 인간의 신체 또한 '가죽 주머니'라는 독특한 비유로 나타냈다. 가죽으로 된 주머니 안에 액체가 있고, 그 안에 뼈가 둥둥 떠 있는 느낌이라고 표현한

점에서 그의 참신한 감각을 엿볼 수 있다.

그다음으로 조금 성질이 다르긴 하지만, 가훈도 본질을 간결하게 나타낸 궁극의 요약이다. 예전에 나는 다양한 가훈과 사훈을 모은 『최강의 가훈』이라는 책에 일본의 대표 금융 재벌가인 야스다 젠지로를 소개했다. 그는 고향을 떠나면서 세운 두 가지 맹세를 죽을 때까지 지켰다고 한다.

첫째, 자신의 이익은 물론 어떤 목적을 위해서라도 거짓으로 타인에게 손해를 끼치지 않을 것.
둘째, 설령 큰 이익을 얻었다 해도 분수에 맞지 않는 생활은 결단코 하지 않을 것.

이런 식으로 나만의 과제나 규칙을 가훈 풍으로 적어보아도 재미있지 않을까.

또 고전에는 딱 떨어지는 요약이 많이 등장한다. 예컨대 『손자병법』에는 "싸우지 않고 적을 굴복시키는 것이 최선이다", 즉 최상의 승리란 싸우지 않고 이기는 것이라는 말이 있다. "상대를 알고 나를 알면 백전백승이다" 역시 유명한 말이다.

손자의 말은 아주 수학적이고 논리적인 요약이므로 마음에 쉽게 와닿는다. 전투라는 복잡한 상황도 이처럼 간결하게 요약할 수 있다. 그 밖에도 알아두면 좋은 유명 인물들의 한마디를 소개한다.

20세의 얼굴은 자연의 선물.
50세의 얼굴은 당신의 공적.
– 코코 샤넬

자세란 일어날 수 있는 모든 상황에 대응하는 준비다.
– 이소룡

제국주의란 자본주의의 독점 단계이다.
– 레닌, 『제국주의론』

순식간에 명언이 탄생하지는 않겠지만, 한 번쯤 '사랑이란', '웃음이란', '삶이란', '인생이란' 등의 주제에 정의를 내려보기 바란다. 어쩌면 본질을 한마디로 나타낸 궁극의 요약이 탄생할지도 모른다.

38

무엇이든 세 가지의
대상을 정해야 한다

무언가를 요약할 때는 관련 대상을 '세 가지' 정도 꼽아 공통점을 연결해보면 독자적인 관점이 드러나는 수준 높은 요약이 완성된다.

잡지《&Premium 특별 편집 그 사람의 독서 안내》에서는 다양한 사람이 '마음에 남은 책'을 소개했는데, 책을 소개하는 방식에서 나름의 관점을 엿볼 수 있었다. 사진가 이시우치 미야코는 레이첼 카슨의 『침묵의 봄』, 이시무레 미치코의 『고해정토 : 나의 미

나마타병』, 오사키 미도리의『일곱 번째 감각 세계의
방황』을 선정했다.

『침묵의 봄』은 전 세계에 환경 문제의 심각성을 고
발한 유명한 책이며,『고해정토 : 나의 미나마타병』
은 일본의 대표적인 공해병 미나마타병 환자와 가족
들을 만나며 취재한 자료를 바탕으로 쓴 기록 소설이
다.『일곱 번째 감각 세계의 방황』은 인간의 다섯 가
지 감각 기관(눈, 귀, 코, 혀, 피부)과 제6감을 초월한 감각
에 호소하는 시를 쓰고자 하는 소녀의 이야기다. 저
자 오사키 미도리는 상당한 재능의 소유자였으나 작
가로서 살기 힘겨워 미련 없이 절필했다고 한다.

이 세 권의 공통점은 모두 여성 작가의 작품이라
는 점이다. 각각 다른 책이지만 완전히 별개가 아닌,
'용기 있는 여성'이라는 공통된 주제와 관점으로 이
어져 있다.

이처럼 요약에 독자적인 관점이 들어가면 개성이
드러난다. 자신만의 관점을 찾고 싶다면 무엇이든

간에 세 가지 정도를 꼽는 방법을 추천한다. '좋아하는 영화 베스트 3', '존경하는 인물 베스트 3' 이런 식으로 고르다 보면 그 사람의 개성을 알 수 있다.

세 가지를 꼽는 데는 이유가 있다. 예컨대 존경하는 인물을 꼽을 때, 첫 번째로는 누구나 다 알만한 유명한 인물이 많이 언급된다. 하지만 세 번째에는 그 사람의 취향이나 인생관이 드러난다. 각각 어떻게 연결되는지 잘 살펴보자.

본인의 관점이 무엇인지 모르겠다면 일단 베스트로 세 가지 정도를 꼽아보고 연결고리를 찾아보면 어떨까. 왜 이 세 가지를 골랐는지 생각해보면 독자적인 관점이 보일 것이다. 그리고 각각을 연결하는 공통점을 알게 되면 차이점도 분명해진다. 공통점과 차이점을 찾아 한 단계 수준 높은 요약을 전개해보자.

나가며

여태껏 요약력을 기르는 방법을 설명해놓고 이런 말을 하기는 좀 그렇지만, 사실 여러분은 이미 요약력을 가지고 있다. 초·중·고·대학교를 거치면서 내내 공부한 것이 바로 요약하는 방법이기 때문이다.

공부가 무엇인지 따지고 보면 결국 요약 훈련이나 다름없다. 그 전형적인 예가 시험을 치르는 것이다. 수업에서 배운 방대한 정보를 머릿속에 정리한 다음 질문에 맞는 해답을 쓴다. 우리는 배우고 요약하여 답안을 쓰는 훈련을 반복해왔다. 그 과정에서 일정 수준의 요약력이 갖추어진 셈이다.

대학교 제자가 겪은 한 일화가 있다. 취직한 지 얼마 되지 않았을 무렵, 상사가 엄청난 양의 자료를 주더니 내일 회의까지 정리해달라고 했다. 포기하고 싶은 마음도 들었지만 절박한 상황에 오히려 힘이 솟았는지 간신히 제시간에 완성하여, 상사에게 칭찬까지 받았다고 한다.

이런 일이 가능했던 이유는 초등학교 때부터 꾸준히 요약력을 단련했기 때문이다. 우리는 모두 기초 요약력을 가지고 있으므로 상황이 닥치면 누구나 뜻밖의 힘을 발휘할 수 있다.

나도 최근 요약력 덕분에 문제를 해결한 적이 있다. 건축 공사에 관여할 일이 있었는데, 전문가의 설명을 듣고 업자와 관계자에게 전달해야 하는 상황을 마주한 것이다. 관련 법률, 내진성, 건축 공법에는 문외한이었지만, 설명을 들은 관계자들로부터 완벽한 요약이라며 칭찬을 받았다.

이런 일이 가능했던 이유는 어릴 적부터 단련한

요약력 덕분이었다고 생각한다. 우리에게는 요약력이 이미 잠재돼 있으며 필요시에는 언제든 발휘할 수 있다. 그러므로 잠재 능력을 단련하여 더 수준 높은 요약력을 갖추었으면 하는 바람이다. 요약력은 현대 사회를 살아가는 데 필요한 모든 힘과 연결되므로 요약력을 갈고닦을수록 인생이 더 행복해진다고 해도 과언이 아니다.

끝으로 책이 만들어지기까지 쓰지 유미코 씨와 지쿠마쇼보의 하네다 마사미 씨에게 많은 도움을 받았다. 이 자리를 빌려 감사를 전한다.

Summarization is power

• • •

이야기가 길어질수록 정작 중요한 내용은 가려진다.

글을 길게 쓰거나 말을 많이 한다고 좋은 게 아니다.

욕심을 내다 보면 정작 하고 싶은 말이나 핵심이 모호해진다.

그 대신 덜어낼 건 덜어내고 다듬어 나갈수록 본질이 뚜렷해진다.

결국 무엇이든 한마디로 요약할 수 있어야 한다.

옮긴이 김지낭

일본 요코하마국립대학교에서 경영학을 전공하고 고려사이버대학교에서 상담심리학을
공부했다. 글밥 아카데미 수료 후 바른번역 소속 번역가로 활동 중이며 한일 양국의 언어
로 다양한 분야의 번역에 도전하고 있다. 역서로는 『회계 상식으로 배우는 돈의 법칙』 『돈
버는 말투, 돈 버리는 말투』 『솔직히 회계 1도 모르겠습니다』 등이 있다.

요약이 힘이다

초판 1쇄 발행 2023년 3월 24일
초판 4쇄 발행 2024년 5월 20일

지은이 사이토 다카시 **옮긴이** 김지낭
펴낸이 김선준

편집이사 서선행
책임편집 배윤주 **편집2팀** 유채원 **디자인** 엄재선
마케팅팀 권두리, 이진규, 신동빈
홍보팀 조아란, 장태수, 이은정, 권희, 유준상, 박미정, 박지훈
경영관리팀 송현주, 권송이

펴낸곳 ㈜콘텐츠그룹 포레스트 **출판등록** 2021년 4월 16일 제2021-000079호
주소 서울시 영등포구 여의대로 108 파크원타워1 28층
전화 02) 332-5855 **팩스** 070) 4170-4865
홈페이지 www.forestbooks.co.kr
종이 ㈜월드페이퍼 **출력·인쇄·후가공·제본** 한영문화사

ISBN 979-11-92625-29-4 (03190)

㈜콘텐츠그룹 포레스트는 독자 여러분의 책에 관한 아이디어와 원고 투고를 기다리고 있습니
다. 책 출간을 원하시는 분은 이메일 writer@forestbooks.co.kr로 간단한 개요와 취지, 연락
처 등을 보내주세요. '독자의 꿈이 이뤄지는 숲, 포레스트'에서 작가의 꿈을 이루세요.